호남문화 연구총서 ⑮

정묘호란 당시 광주 의병 기록, 〈양호거의록〉의 모본 발굴

광산거의록 光山擧義錄

光州儒林 편찬
신해진 역주

景仁文化社

역주자 신해진(申海鎭)

경북 의성 출생
고려대학교 국어국문학과 및 동대학원 석·박사과정 졸업(문학박사)
현재 전남대학교 인문대학 국어국문학과 교수

저역서 『강도일기』(역락, 2012)
『병자봉사』(역락, 2012)
『남한기략』(박이정, 2012)
『한국고전소설의 이해』(공저, 박이정, 2012)
『대학한문』(공편, 전남대학교출판부, 2012)
『떠난 사람에 대한 그리움의 미학, 애제문』(보고사, 2012)
『증보 해동이적』(공역, 경인문화사, 2011)
『조선후기 몽유록』(역락, 2008)
『권칙과 한문소설』(보고사, 2008)
『서류 송사형 우화소설』(보고사, 2008)
이외 다수의 저역서와 논문

광산거의록 光山擧義錄

초판 인쇄 2012년 7월 16일
초판 발행 2012년 7월 25일

편찬자 광주 유림
역주자 신해진
펴낸이 한정희
펴낸곳 경인문화사
편집 신학태 김지선 김미선 김우리 문영주 맹수지 안상준

등록 1973년 11월 8일 제10-18호
주소 서울특별시 마포구 마포동 324-3
전화 02-718-4831~2
팩스 02-703-9711
메일 kyunginp@chol.com

정가 30,000원
ISBN 978-89-499-0869-4 93810

머리말

빛고을 광주는 흔히 '예향' 못지않게 '의향(義鄕)'이라고 일컬어진다. 그것은 아마도 나라가 어려움에 처해 있을 때 자신의 안위는 생각지 않고 스스로 떨치고 일어난 사적이 많았음을 이르는 것이리라. 불의를 보면 항거하는 것이야 어느 지역엔들 없었으랴마는, 타 지역보다도 도드라졌음을 일컫는 것일 게다.

그 의향의 발자취에 대한 관심이 생겼다. 왜냐하면 임진왜란 당시 의병장이었던 나의 선조 신흘(申仡, 1550~1614)이 영남 의병장들에게 연합전선을 펼치자며 돌린 편지가 조경남(趙慶男)의 ≪난중잡록(亂中雜錄)≫에 익명의 서신으로 실려 있었기 때문이다. 단순한 관심이라기보다는 영호남의 사적들을 발굴하여 비교해 보면 유의미한 성과를 거두리라는 기대에 대한 관심이었다. 그래서 문헌들을 살펴보았더니, 왜란과 관련된 글은 비교적 많이 번역 소개되었지만, 호란과 관련된 글은 그렇지 못하였다. 이에, 경북 의성 지역에서 정묘호란과 병자호란 때 의병을 이끈 의병장의 기록인 『역주 창의록』(역락, 2009)을 번역 소개한 바 있는데, 의병장 신적도(申適道, 1574~1663)는 바로 신흘의 아들이자 나의 파조(派祖)이시다. 이와 필적할 만한 호남 자료를 찾던 중, ≪양호거의록(兩湖擧義錄)≫이 정묘호란 당시 양호 지역에서의 의병활동을 기록하고 있어 나의 관심을 끌었다.

≪양호거의록≫은 1798년에 발간된 것으로 보이는 두 개의 이본이 국립중앙도서관에 소장되어 있다. 특히, '정묘거의록'이란 제명의 이본보다는 '양호거의록'이란 제명의 이본이 많은 기관에 소장되어 있다. 이들 거의록은 모두 송환기(宋煥箕, 1728~1807)가 쓴 서문을 수록하고 있는데, 그 서문에 따르면 1760년에 간행된 ≪광산거의록≫에서 비롯되었음을 알 수 있다. 이 송환기의 서문은 번역하여 이 책의 부록으로 첨부하였다. 게다가 이들 거의록은 ≪광산거의록≫에 붙인 것으로 짐작되는 김시찬(金時粲, 1700~1767)의 서문을 송환기의 서문 다음에 수록하고 있었다.

그런데 양호거의록에 대해서는 많은 연구자들이 언급하고 있었던 반면, 그 모본인 광산거의록에 대해서는 그리 큰 관심을 보이지 않았음을 알게 되었다. 연원지학(淵源之學)을 연마하는 나로서는 ≪광산거의록≫을 찾고 싶었다. 그리하여 꽤 오랜 기간 틈나는 대로 찾은 결과, 지난 4월 초순에 우연히 이웃 대학인 조선대학교 도서관에 소장되어 있음을 알았다. 복사물을 받고 나니, 바로 찾고 싶어 하던 것이어서 심장의 박동소리가 점점 크게 들려왔다. 멍하니 있을 수만 없어 곧바로 역주를 하여 상재하는 바이니, 대방가의 질정을 청한다.

≪광산거의록(光山擧義錄)≫은 1책으로 말미에 '崇禎紀元後, 三辛巳, 孟冬刊出.'이라 되어 있으니, 곧 1761년 겨울에 간행되었다. 발행의 주체는 구체적으로 알 수 없지만 당시 광산유림이었던 것으로 보인다. 서문은 말미에 '崇禎紀元後, 三庚辰, 安東金時粲謹序.'로 되어 있는 바, 김시찬이 1760년에 지은 것이다. 현재 조선대학교 도서관에 소장되어 있다. 이 ≪광산거의록≫의 발굴은 정묘호란 당시 의병활동에 대한 기록물의 연변과정을 살필 수 있는 계기가 만들어졌고, 그 최초의 토대와 뼈대에 대한 원형을 구체적으로 살필 수 있게 되었다는 점에서 의의가 있다 하겠다.

매우 귀중한 자료를 기꺼이 영인하도록 승인하여 주신 조선대학교 도서관 류찬수 관장님 및 관계자에게 진심으로 감사드리는 바이다. 그리고 이 책을 호남문화 연구총서로 간행케 해준 전남대학교 호남학연구원 원장 김신중 교수님께도 감사드린다. 끝으로 편집을 맡아 수고해 주신 경인문화사 가족들의 노고에도 심심한 고마움을 표한다.

2012년 5월

빛고을 용봉골에서

무등산을 바라보며 신해진 謹識

일러두기

1. 번역은 직역을 원칙으로 하되, 가급적 원전의 뜻을 해치지 않는 범위 내에서 호흡을 간결하게 하고, 더러는 의역을 통해 자연스럽게 풀고자 했다. 일부 재번역한 글에서 참고한 기존 번역서는 다음과 같다.
   박완식 역, 『사계전서』 1권과 5권, 민족문화추진회, 2000.
2. 원문은 저본을 충실히 옮기는 것을 위주로 하였으나, 활자로 옮길 수 없는 古體字는 今體字로 바꾸었다.
3. 원문표기는 띄어쓰기를 하고 句讀를 달되, 그 구두에는 쉼표(,), 마침표(.), 느낌표(!), 의문표(?), 홑따옴표(' '), 겹따옴표(" "), 가운데점(·) 등을 사용했다.
4. 주석은 원문에 번호를 붙이고 하단에 각주함을 원칙으로 했다. 독자들이 사전을 찾지 않고도 읽을 수 있도록 비교적 상세한 註를 달았다.
5. 주석 작업을 하면서 많은 문헌과 자료들을 참고하였으나 지면관계상 일일이 밝히지 않음을 양해바라며, 관계된 기관과 여러분들께 진심으로 감사드린다.
6. 이 책에 사용한 주요 부호는 다음과 같다.
   1) ( ) : 同音同義 한자를 표기함.
   2) [ ] : 異音同義, 出典, 교정 등을 표기함.
   3) " " : 직접적인 대화를 나타냄.
   4) ' ' : 간단한 인용이나 재인용, 또는 강조나 간접화법을 나타냄.
   5) < > : 편명, 작품명, 누락 부분의 보충 등을 나타냄.
   6) 「 」 : 시, 제문, 서간, 관문, 논문명 등을 나타냄.
   7) ≪ ≫ : 문집, 작품집 등을 나타냄.
   8) 『 』 : 단행본, 논문집 등을 나타냄.

차 례

서序·범례凡例

광산거의록/光山擧義錄

천계정묘년 광산거의 사적/天啓丁卯 光山擧義 事蹟

의병을 일으킨 제공들의 사실/擧義諸公事實

부록

서

서(序)

천계(天啓) 정묘년(1627)에 강 오랑캐(강홍립 지칭하는 말)가 후금의 누르하치 군대를 이끌고 쳐들어와서, 대가(大駕: 인조를 지칭)가 강도(江都: 강화도)로 피란하였다. 이때 사계(沙溪: 김장생의 호) 김 선생은 양호(兩湖: 호남과 호서 지역)의 호소사(號召使)로 삼은 명을 받아서 각 고을에 격문(檄文)을 돌려 군사를 모집하고 군량(軍糧)을 끌어 모았는데, 광산(光山: 광주)의 경우는 제봉(霽峰: 고경명의 호)의 사자(嗣子) 고순후(高循厚)를 의병장으로 삼았다. 문인(門人)과 친구들 중에서 평소 충성과 의리를 갖추고 재주와 지략을 품은 자들을 두루 거명하여 그들과 함께 일을 같이하였다. 의병장은 호소사의 명을 받들어서 유사(有司)들을 분담 배치하여 장정을 모집하고 군량(軍糧)을 거두었다. 투구와 창 그리고 문서 작성도 나누어 분담할 일을 대략 정한 뒤, 의병의 깃발을 겨우 치켜들었으나 강화(講和)가 이미 이루어지고 말았다. 조정이 의병을 파하라는 유지(有旨: 왕명서)를 내리니, 의병장 이하 제공(諸公)들은 완성(完城: 전북 전주)의 동궁 행재소(行在所)에 나아가 동궁(東宮: 소현세자)을 맞아서 호종하고 여산(礪山: 전북 익산)에 이르러 공손히 전송하고 돌아왔다.

그것이 미처 싸워보기도 전의 일이라고 하여 그 사실이 끝내 사라져서 세상에 전해지지 않게 되었으니, 130여 년이 지난 후이지만 그 당시 문서와 장부들을 의병장들의 자손들이나, 제공들의 후예들의 집에서 꺼내도록 하여 다 모아 간행하고 세상에 전하기로 논의한 후에, 서문 지어주기를 나에게 부탁하기 위해 그 거의록을 가지고 와서 보여주었다. 거의록은 전교(傳敎) 1수, 호소사 격문 1통, 의병장 첩문(帖文) 1통, 의청(義廳: 의병 사무소)을 유시하는 관문(關文) 2통, 의병장 보첩(報

牒) 3통, 검찰사 전령(傳令) 1통, 모두 몇 편이 되었다.

아아, 화란(禍亂)이 일어나게 되는 것은 언제나 태평시대의 안일한 끝에 달려 있으니, 일단 위급한 변고가 생기면 멀리서 소문만 듣고도 도망가고 무너진다. 그러나 충성을 떨치고 의리를 굽히지 않아서 태평시대를 유지하고 정돈하는 공은 매번 초야의 서생(書生)들에게서 나오지, 평소 부귀영화에 파묻혀 있거나 눈을 부릅뜨고 하기 어려운 말을 하는 무리들에게서 나오지 않는다. 진실로 그 의리는 원래 정해져 있어서 충분(忠憤)은 절로 솟구친다는 것이야말로 손발이 머리와 눈을 보호하듯 한다는 뜻보다도 더 명백하다. 이번 의거는 노 선생(老先生)이 우두머리이고, 같이 수록된 제공들이 대부분 모두 학문을 닦고 도를 담론하는 유생들이었으며, 더러 벼슬을 그만두고 시골로 물러난 고관들이었으니, 어찌 난세를 평정하기 위해 군대로 싸우기를 서로 기약했겠는가?

호남은 이전부터 의병들이 많았고 광산(光山)은 더욱 두드러졌으니, 제봉 고경명 같은 제공들이 바로 그렇다고 할 수 있다. 이는 아마도 이름난 어진 사람과 큰 덕망을 지닌 원로가 서로 잇달아 일어나서, 그 전해온 풍속이 없어지지 않은 것이 있어 그런 것이었던가. 돌아보건대, 지금까지 성스런 조정의 100년 동안 나라에 근심거리가 닥치지 않았으니, 바로 식자(識者)들이 위기를 잊지 말아야 할 때를 남모르게 근심하여 이 거의록을 출간하는 것이다.

때마침 주어진 기회에 제공들의 먼 후손들은 그 할아버지들을 생각하지 않는 자가 없고, 남기신 법도 따르기를 생각하매 충의(忠義)의 마음이 저절로 성하게 생긴다면, 이것이 비록 짤막한 몇 장의 글일지라도 국가가 위급할 때에 의뢰함이 있을 것이니, 출간하는 것이 바로 여기에 있음은 아마 하늘의 뜻인가 보다. 훗날 저 당나라 수양성(睢陽城)이 강회(江淮)의 보루가 된 공적은 반드시 장차 이것을 가지고 여러분들에게

증험하려 할 것이니, 여러분들은 과연 선열(先烈)의 공적을 실추하지 않고 끝내 제공들의 당시 나라를 보살핀 뜻을 펴야 할 것이로다. 우선 이것으로써 책머리에 쓰노라.

숭정(崇禎) 후 3번째 경진년(1760) 안동 김시찬(金時粲) 삼가 짓다.

序

天啓[1]丁卯[2]，姜虜[3]引奴賊[4]入寇，大駕[5]播越[6]江都[7]。于時，沙溪[8]

1) 天啓(천계): 중국 명나라 熹宗의 연호(1621~1627).
2) 丁卯(정묘): 인조 5년인 1627년.
3) 姜虜(강로): 姜弘立(1560~1627)을 가리킴. 본관은 晉州, 자는 君信, 호는 耐村. 참판 姜紳의 아들이다. 1618년 명나라가 後金을 토벌할 때, 명의 요청으로 조선에서 구원병을 보내게 되었다. 이에 조선은 강홍립을 五道都元帥로 삼아 13,000명의 군사를 거느리고 출정하도록 했다. 그러나 조선과 명나라 연합군이 富車에서 대패하자, 강홍립은 조선군의 출병이 부득이하게 이루어진 사실을 통고한 후 군사를 이끌고 후금에 항복하였다. 이는 현지에서의 형세를 보아 향배를 정하라는 광해군의 밀명에 따른 것이었다. 투항한 이듬해 후금에 억류된 조선 포로들은 석방되어 귀국하였으나, 강홍립은 부원수 金景瑞 등 10여 명과 함께 계속 억류되었다. 1627년 정묘호란 때 귀국, 江華에서의 和議를 주선한 후 국내에 머물게 되었으나, 逆臣으로 몰려 관직을 빼앗겼다가 죽은 후 복관되었다.
4) 奴賊(노적): 後金의 누르하치 군대.
5) 大駕(대가): 임금이 탄 수레라는 뜻으로, 여기서는 '임금'을 뜻하는 말.
6) 播越(파월): 播遷. 임금이 도성을 떠나 다른 곳으로 피란하던 일.
7) 江都(강도): 경기도 강화도의 다른 이름.
8) 沙溪(사계): 金長生(1548~1631)의 호. 본관은 光山, 자는 希元. 아버지는 대사헌 金繼輝이며, 아들은 金集이다. 宋翼弼과 李珥의 문하에 들어갔다. 1578년에 學行으로 천거되어 昌陵參奉이 되고, 1581년 宗系辨誣의 일로 아버지를 따라 명나라에 다녀왔다. 임진왜란 때 호조정랑이 된 뒤, 명나라 군사의 군량조달에 공이 커 宗親府典簿로 승진하고, 1597년 봄에 호남지방에서 군량을 모으라는 명을 받고 이를 행함으로써 군자감첨정이 되었다가 곧 안성군수가 되었다. 그 뒤에 익산 군수 및 회양과 철원 부사를 역임하였다. 1613년 계축옥사 때 동생이 그에 관련됨으로써 연좌되었으나 무혐의로 풀려나자 관직을 버리고 연산에 은둔하였다. 그 뒤 인조반정이 일어나자 75세의 나이에 장령으로 조정에 나아갔고, 1624년 李适의 난으로 왕이 공주로 파천해오자 어가를 맞이하였다. 난

金先生，受兩湖[9]號召使[10]之命，傳檄[11]列郡，召募兵糧，而光山[12]則以霽峰[13]之胤[14]高循厚[15]爲義兵將。歷擧門人知舊之素忠義拘才猷者，而

이 평정된 뒤 왕을 따라 서울로 와서 元子 輔導의 임무를 다시 맡고 상의원정으로 사업을 겸하고, 집의의 직을 거친 뒤 낙향하려고 사직하면서 중요한 政事 13가지를 논하는 소를 올렸다. 그러나 좌의정 尹昉, 이조판서 李廷龜 등의 발의로 공조참의가 제수되어 원자의 강학을 겸하는 한편 왕의 시강과 경연에 초치되기도 하였다. 정묘호란 때 兩湖號召使로서 의병을 모아 공주로 온 세자를 호위하고, 곧 화의가 이루어지자 모은 군사를 해산하고 강화도의 行宮으로 가서 왕을 배알하고, 그해 다시 형조참판이 되었다. 그러나 한 달 만에 다시 사직하여 용양위부호군으로 낙향한 뒤 1630년에 가의대부로 올랐으나 조정에 나아가지 않고 줄곧 향리에 머물면서 학문과 교육에 전념하였다.

9) 兩湖(양호): 호남과 호서 지역.

10) 號召使(호소사): 의병을 불러 모으는 사람.

11) 傳檄(전격): 檄文을 돌림. 격문은 군병을 모집하기 위한 글이다.

12) 光山(광산): 光州의 옛 지명.

13) 霽峰(제봉): 高敬命(1533~1592)의 호. 본관은 長興, 자는 而順, 호는 苔軒. 아버지는 대사간 高孟英이며, 어머니는 진사 徐傑의 딸이다. 1552년 진사가 되었고, 1558년 식년문과에 장원으로 급제해 成均館典籍에 임명되고, 이어서 공조좌랑이 되었다. 그 뒤 홍문관의 부수찬·부교리·교리가 되었을 때 仁順王后의 외숙인 이조판서 李樑의 전횡을 논하는 데 참여하고, 그 경위를 이량에게 몰래 알려준 사실이 드러나 울산군수로 좌천된 뒤 파직되었다. 1581년 영암군수로 다시 기용되었으며, 이어서 宗系辨誣奏請使 金繼輝와 함께 書狀官으로 명나라에 다녀왔다. 이듬해 서산군수로 전임되었는데, 明使遠接使 李珥의 천거로 從事官이 되었으며, 이어서 종부시첨정에 임명되었다. 1590년 承文院判校로 다시 등용되었으며, 이듬해 동래부사가 되었으나 서인이 실각하자 곧 파직되어 고향으로 돌아왔다. 1592년 임진왜란이 일어나 서울이 함락되고 왕이 의주로 파천했다는 소식을 전해들은 그는 각처에서 도망쳐온 官軍을 모았다. 두 아들 高從厚와 高因厚로 하여금 이들을 인솔, 수원에서 왜적과 항전하고 있던 廣州牧使 丁允佑에게 인계하도록 했다. 전라좌도 의병대장에 추대된 그는 종사관에 柳彭老·安瑛·楊大樸, 募糧有司에 崔尚重·楊

與之同事焉。義將承令，分差[16]諸有司，募壯勇，峙糗糧。鍜矛修簿[17]，部分略定，義旗纔擧，而和事已成。朝廷下罷兵之旨，義將以下諸公，進迎東宮[18]行殿[19]於完城[20]，而扈至礪山[21]，祗送而歸。

以其未及交兵，其事遂泯而無傳，後百三十餘年，其時文蹟[22]，出於擧義人子孫家·諸公後裔，咸聚議謀所以剞劂[23]而傳，後徵序於余，以其

士衡·楊希迪을 각각 임명했다. 그러나 錦山전투에서 패하였는데, 후퇴하여 다시 전세를 가다듬어 후일을 기약하자는 주위의 종용을 뿌리치고 "패전장으로 죽음이 있을 뿐이다."고 하며 물밀듯이 밀려오는 왜적과 대항해 싸우다가 아들 인후와 유팽로·안영 등과 더불어 순절했다.

14) 胤(윤): 대를 이을 아들. 고경명은 6남2녀를 두었는데, 둘째아들 高因厚는 1592년 금산전투에서, 첫째아들 高從厚는 1593년 진주성에서 죽었고, 셋째아들 高遵厚는 일찍 죽었기 때문에 넷째아들인 高循厚가 대를 이을 아들이 되었다는 뜻이다. 곧 嗣子가 된 셈인데, 사자는 맏아들이 아니나 대를 잇게 된 아들을 뜻한다.

15) 高循厚(고순후, 1569~1640): 본관은 장흥, 자는 道常, 호는 靜軒. 고경명의 넷째 아들. 임진왜란 때 아버지와 인후와 종후 두 형이 순국했지만 어려서 참여하지 못했다. 정묘호란을 당하여 호남의병장이 되었다. 의병을 규합하고 군량을 모아 전주에 이르렀는데 강화가 성립되어 뜻을 펴지 못하였다.

16) 分差(분차): 담당 업무에 따라 나누어 파견함.

17) 修簿(수부): 장부를 정리하다는 뜻이나, 여기서는 문서를 작성하다는 의미.

18) 東宮(동궁): 昭顯世子(1612~1645). 仁祖의 장자, 孝宗의 형이다. 1625년 세자로 책봉되었고, 부인은 姜碩期의 딸인 愍懷嬪 姜氏이고 보통 姜嬪이라고 부른다. 1636년 병자호란이 일어나 삼전도에서 청나라에 항복한 이후, 아우 봉림대군과 함께 청나라에 인질로 끌려갔다 돌아와 아버지 인조의 견제로 비참한 최후를 맞이했다.

19) 行殿(행전): 군주가 지방을 순시할 때 임시 거처하는 곳이란 뜻이나, 여기서는 소현세자가 임시로 피란했던 곳을 이름.

20) 完城(완성): 完山. 지금의 전주를 이른다.

21) 礪山(여산): 전북 익산 지역의 옛 지명.

22) 文蹟(문적): 文簿. 나중에 자세하게 참고하거나 검토할 문서와 장부.

23) 剞劂(기각): 문집의 간행을 뜻하는 말.

錄來示之。錄凡傳敎一首, 號召使檄文一, 義將帖一, 諭義廳關二, 義將報牒三, 檢察使傳令一, 摠若干編。

嗚呼! 禍亂之作, 常在於昇平恬嬉之餘, 一有警急, 望風[24]靡潰。而奮忠抗義·維持整頓之功, 每出於草野書生, 而不出於平日豢酣富貴與瞋目語難之輩。誠以其義理素定, 忠憤自激, 明於捍頭目[25]之義也。今玆義擧, 以老先生爲首, 而同錄諸公, 率皆講學談道之儒士[26], 或屛退田野之朝紳[27], 則是豈平世[28]以軍旅[29]而相期者哉?

湖南, 自前多義旅, 而光山尤表著, 如高霽峰諸公是已。此殆名賢長德[30], 相繼而作, 其遺風餘俗, 有未泯者而然也歟。顧今聖朝百年, 無疆域[31]之虞, 正識者, 隱憂[32]於不忘危之日, 而是錄也乃出。

此際, 諸公雲仍[33], 莫不念乃祖, 而思追遺軌, 忠義之心, 油然[34]而生, 則是雖寂寥[35]數板文字, 而國家緩急之有賴, 其在於斯, 殆天意乎。

---

24) 望風(망풍): 높은 명망을 듣고 우러러 사모한다는 뜻이나, 여기서는 멀리서 소문을 듣는다는 의미.

25) 捍頭目(한두목): ≪맹자≫<梁惠王章句 下>의 "백성이 그 윗사람을 친애해서 위난이 있으면 奚아가 구원하기를 자식과 동생이 그 아비와 형을 호위하는 것 같이하며, 수족이 머리와 눈을 보호하는 것같이 하느니라.(民親愛其上, 有危難則赴救之, 如子弟之衛父兄, 手足之捍頭目也.)"에서 나온 말.

26) 儒士(유사): 儒生.

27) 朝紳(조신): 조정의 신하가 두르는 넓은 허리띠라는 뜻으로, 벼슬이 높은 관리를 이르는 말.

28) 平世(평세): 태평한 시절이라는 뜻도 있으나, 여기서는 난세를 평정하다는 의미.

29) 軍旅(군려): 戰爭. 무력을 사용하여 싸움.

30) 長德(장덕): 나이가 많고 덕이 있는 자.

31) 疆域(강역): 국경 안. 나라.

32) 隱憂(은우): 남에게 알리지 못하고 속으로만 지니는 근심.

33) 雲仍(운잉): 雲孫과 仍孫이라는 뜻으로, 먼 후손을 이르는 말.

34) 油然(유연): 생각 따위가 저절로 일어나는 형세가 왕성함.

他日，江淮保障[36]之功，必將執此，而徵之於諸君，諸君其果不墜前烈，而卒究諸公當日循國之志也歟。姑以是書之卷首。

崇禎[37] 紀元後 三庚辰，安東金時粲[38]謹序

35) 寂寥(적요): 韓愈가 쓴 <送權秀才序>의 "단장은 적요하고 대편은 장중하다.(寂寥乎短章，春容乎大篇.)"에서 나온 말.
36) 江淮保障(강회보장): 唐나라 玄宗의 天寶 연간에 安祿山의 반란이 일어났을 때, 당시 援軍이 단절된 睢陽城에 賊兵이 물밀듯이 쳐들어오자, 수양성을 지키고 있던 여러 군중이 모두 동쪽으로 달아날 것을 의논했으나, 이때 眞源令 張巡이 睢陽太守 許遠과 함께 의논하기를 "수양성은 강회 지역의 보루가 되는 곳이니, 만일 이곳을 버리고 떠난다면 적이 승승장구하여 남쪽으로 내려갈 것이고, 그렇게 되면 강회 지역은 반드시 망하게 될 것이다.(睢陽江淮保障也，若棄之，賊乘勝鼓而南，江淮必亡.)"라고 한 데서 나온 말. 그 당시 장순과 허원은 끝까지 수양성을 굳게 지키다가 끝내는 적에게 성이 함락되어 모두 전사하고 말았다.
37) 崇禎(숭정): 명나라 毅宗의 연호(1628~1644). 명나라가 망한 뒤에도 청나라 연호를 쓰는 것을 꺼려 이 연호를 사용하기도 했다.
38) 金時粲(김시찬, 1700~1767): 본관은 安東, 자는 茗溟, 호는 稺川. 아버지는 좌랑 金盛道이다. 金尙容의 고손이다. 1721년 진사를 거쳐 1735년 증광문과에 급제하여 사관·검열·대교를 지냈다. 규장각 대교를 지낼 때 소론의 영수인 趙泰耇·柳鳳輝·李光佐 등에 대한 형벌을 주장하다가 영조의 탕평책에 위배된다 하여 흑산도로 유배되었다. 그 후 1740년 특명으로 복직되어 수찬을 거쳐 대사간에 올랐다. 1759년 부제학을 사양하는 글을 올렸다가 내용에 불경스러운 내용이 있다 하여 다시 흑산도로 유배되었으며 1764년 풀려났다. 1806년 이조판서에 추증되었다.

범례(凡例)

하나, 의병을 일으킨 제공(諸公)들이 모두 우리 광산(光山) 사람들이었고, 호소사의 격문(檄文)에 따라 청(廳)을 설치하여 의병을 일으킨 데다 군사를 모집하고 군량을 거두었으며, 동궁(東宮)을 전주(全州)에서 호종하였기 때문에 '광산거의록(光山擧義錄)'이라 일컫는다.

하나, 강 오랑캐(姜虜: 강홍립 지칭)가 반역을 저지른 전말을 대략 책머리에 붙여서 참고하도록 하였다.

하나, 의병을 일으켰을 때의 모든 문서들과 장부들은 시간이 오래 지난 뒤라서 반수 이상 잃어버렸는데, 다만 교문(教文) 1수, 호소사 격문과 의병장 보첩(報牒) 몇 편 및 제공들의 명첩(名帖)만 있을 뿐이었다. 옛것을 의지하여 고치고 바로잡은 것이 몹시 거칠고 간략하더라도 보는 이가 자세히 살필 일이다.

하나, 의병을 일으킨 제공들의 성과 이름은 소모유사(召募有司) 가운데에 이미 열거하였고, 또 열전(列傳)의 전례에 따라 별도로 뒷부분에다 열록(列錄)하였는데, 대대로 쌓아 내려오는 미덕 그리고 벼슬과 행실 등의 간단한 기록을 게재하여서 참고하도록 하였다.

하나, 정묘년에 일으킨 의병은 이미 본사(本事)이기 때문에 입록(入錄)하지 않고 주(註)에다가 기록하였다.

하나, 제공들의 나이가 많고 적음이 있더라도 하나같이 분담한 유사(有司)의 차례에 따라서 열록하였다.

凡例

一, 擧義諸公, 皆本州之人, 而以號召使檄文, 設廳擧義, 募兵募穀, 扈從東宮于全州, 故謂之光山擧義錄。

一, 略著姜虜犯逆顚末於卷首, 以備考覽。

一, 擧義時, 凡干文蹟, 年久之後, 太半遺失[1], 只有敎文一首, 號召使檄文·義將報牒略干篇, 及諸公名帖[2]而已。依舊修正, 雖甚草略[3], 觀者詳之。

一, 擧義諸公姓諱, 旣列於召募有司中, 而又從紀傳[4]例, 別爲列書[5]於下, 揭其世德官爵及行實梗槩, 以備後人之考覽。

一, 丁卯擧義, 則旣是本事, 故不爲入錄, 於註錄中。

一, 諸公年歲有高下, 而一從分掌有司次第[6], 列書焉。

---

1) 遺失(유실): 가지고 있던 물건 따위를 부주의로 잃어버림.
2) 名帖(명첩): 오늘날의 명함. 명첩의 서식은 "아버지 아무개와 어머니 아무개의 딸인 아무개는 몇째 딸인데, 아무 해 몇월 며칠 아무 시에 출생하였습니다.(父某母某氏女某行幾某甲子年幾月幾日某時生)"이다.
3) 草略(초략): 몹시 거칠고 간략함.
4) 紀傳(기전): 기전체 역사책에서, 제왕의 事跡을 기록한 本紀와 여러 사람의 傳記를 차례로 적어 놓은 列傳을 이르는 말.
5) 列書(열서): 列錄. 죽 벌여서 기록함.
6) 次第(차제): 차례.

광산거의록

강홍립이 오랑캐 이끌고 쳐들어온 기사

(姜虜入寇時記事)

만력(萬曆) 무오년(1618)에 건주(建州)의 누르하치 오랑캐가 명나라를 침략하였다. 명나라 조정이 급히 격문(檄文)을 보내어 군대를 요구하니, 우리나라 조정에서는 강신(姜紳)의 아들 강홍립(姜弘立)을 발탁하여 원수(元帥)로 삼고 원병으로 가게 하였다. 강홍립은 마가채(馬家寨)에 이르러 싸우지도 않고 오랑캐에게 투항하고는 그대로 살았다.

천계(天啓) 갑자년(1624)에 역적 한명련(韓明璉)의 아들 한윤(韓潤)이 몸을 피하여 오랑캐로 도망가서 강홍립을 만났는데, 우리나라 조정이 강홍립의 집안을 주살(誅殺)하였다고 속여서 어미 아비도 모르는 효경(梟獍) 같은 강홍립의 마음을 부추겼다. 이어서 함께 순리를 거스르는 난을 일으킬 계책을 짜내고는 정묘년(1627) 1월에 오랑캐의 철기(鐵騎)들을 규합하여 의주(義州)로 갑자기 쳐들어왔는데, 흉악한 역적(逆賊)의 칼날이 이르는 곳마다 개나 닭까지도 모조리 죽였다. 평양(平壤)과 황주(黃州: 황해도 지명) 등지가 잇달아 함락되자, 지방 관리와 백성들이 물결을 이루어 달아났고 조야(朝野)가 술렁거리며 두려움에 떨었는데, 대가(大駕)는 강도(江都)로 피란하고 동궁(東宮)은 전주(全州)로 내려갔다.

姜虜入寇時記事

萬曆[1)]戊午[2)], 建州[3)]奴夷[4)], 構亂天朝[5)]。天朝, 以羽檄[6)]徵師, 我國朝廷, 擢姜紳[7)]之子弘立, 爲元帥, 赴援。弘立行到馬家寨[8)], 不戰而降於胡, 因居焉。至天啓[9)]甲子[10)], 韓賊明璉[11)]之子潤[12)], 脫身入胡, 見弘

---

1) 萬曆(만력): 중국 명나라 神宗의 연호(1573~1619).
2) 戊午(무오): 광해군 10년인 1618년.
3) 建州(건주): 建州衛가 설치된 지역의 여진족을 가리키는 말. 건주위는 명나라의 成祖 永樂帝가 만주의 남쪽에 살고 있는 여진족을 누리기 위하여 설치한 衛이다.
4) 奴夷(노이): 청나라의 건국자 누르하치(奴兒哈赤)를 오랑캐로 일컫는 말.
5) 天朝(천조): 天子의 조정을 제후의 나라에서 이르는 말로, 여기서는 명나라를 지칭.
6) 羽檄(우격): 군사상 급히 전하던 격문. 매우 급한 일이 있을 때에 나무판에 쓴 격문에 깃털을 꽂아 보냈던 데서 유래한다.
7) 姜紳(강신, 1543~1615): 본관은 晋州, 자는 勉卿, 호는 東皐. 우의정 姜士尙의 아들로서 姜士安에게 입양되었다. 1589년 問事郞으로 鄭汝立 獄事 처리에 참여하여 平難功臣에 책록되고 晋興君에 봉해졌다. 1592년 승지·강원도관찰사가 되었다가 임진왜란 때 함경도순찰사를 거쳐, 정유재란 때 明軍과 함께 왜군을 격퇴하였다.
8) 馬家寨(마가채): 강홍립의 조선 구원군이 1619년 3월 1일에 도착한 지역. 만주의 瀋陽과 撫順 북쪽에 있는 鐵嶺 부근. 지금의 四道河子와 三道河子 중간 지점에 있는 촌락이라고 한다.
9) 天啓(천계): 중국 명나라 熹宗의 연호(1621~1627).
10) 甲子(갑자): 인조 2년인 1624년.
11) 韓賊明璉(한적명련): 역적 韓明璉(?~1624). 임진왜란 당시 영남에서 공을 세웠다. 1594년 경상우도별장이던 그는 의병장 郭再祐 등과 합세해 적을 물리쳤고, 의병장 金德齡과 함께 군대를 훈련시켰다. 1597년 정유재란 때에는 도원수 權慄의 휘하에서 충청도방어사와 합세해 회덕에서 공을 세우고, 공주에서 분전하다가 부상을 당하였다. 1598년 다시 권율의 휘하에서 의병장 鄭起龍과 합세, 경상우도에 주둔한 적군을 격파하

立，瞞以我朝夷滅[13]渠家，挑其梟獍[14]之心。因與同構反刃犯順[15]之計，以丁卯[16]正月，叫合鐵騎，突入義州，兇鋒所抵，雞犬亦盡。運陷平壤·黃州[17]等地，吏民波奔，朝野洶懼，大駕西幸江都，東宮南下全州。

였다. 1623년 龜城巡邊使에 보직되었다. 1624년 李适과 함께 반란을 일으켜 관군을 패주시키고 서울을 점령했으나, 길마재[鞍峴]의 싸움에서 패배하였다. 이괄과 함께 도주하던 중 이천에서 부하 장수의 배반으로 살해당하였다.

12) 潤(윤): 韓潤(생몰미상)을 가리킴. 조선 仁祖 때의 반역자. 아버지 韓明璉이 李适과 함께 1624년에 반란을 일으켰다가 살해되자 後金에 망명하였고, 1627년 후금 군대에 편입되어 조선을 침공했으며, 화의가 성립한 후에도 조선의 위법 사실을 들어 再侵을 주장하였다.

13) 夷滅(이멸): 멸하여 없앰.

14) 梟獍(효경): 梟는 어미를 잡아먹는 새요, 獍은 아비를 잡아먹는 짐승. 흉악해서 倫紀를 모르는 사람에게 비유하는 말이다.

15) 犯順(범순): 순리를 범했다는 뜻으로, 叛逆이나 叛亂을 의미. 자신의 조국을 침범하는 것에 대해 이른 말이다. 단, '反刃'의 용례는 찾을 수가 없다.

16) 丁卯(정묘): 인조 5년인 1627년.

17) 黃州(황주): 황해도 황주군의 군청 소재지.

천계정묘년 광산거의 사적

임금이 내린 글(敎文)

왕은 이르노라.

아니 돌보사, 하늘이 우리나라에 재난을 내리니 여진(女眞) 미천한 놈들이 이에 준동하는지라, 서쪽지방 사람들이 모두 병화(兵禍)를 입었다. 용만(龍灣)·능한(凌漢)·청천(淸川) 등 3개의 산성을 지켜내지 못했고, 평양(平壤)도 무너지고 황주(黃州)도 흩어지는 데까지 이르니, 큰 멧돼지와 뱀 같은 오랑캐들이 포학하고 탐욕스럽게 들이닥치는 그 형세를 막을 수가 없었던 것이어라.

오직 내가 부덕하여 이에 큰 난리를 만나서, 마지못하여 옛날 태왕(太王)이 양산(梁山)을 넘었던 일을 좇아 잠시 흉적의 칼날을 피하려고, 종묘사직과 함께 자전(慈殿)을 모시고 강도(江都)로 나왔다. 도성(都城)의 남녀들이 길바닥에 엎어지며 쓰러지고, 온갖 일이 어지러워져 팔도(八道)가 난리법석이니, 마음이 아프고 얼굴이 부끄러움은 물론 그 죄가 진실로 나에게 있는데 오히려 무슨 말을 하리오. 저 오랑캐 놈들이 안주(安州)를 통과한 이후부터는 여러 차례 차인(差人: 일종의 사신)을 통해 서신을 보내와 우호 맺기를 요구하고 있다. 개돼지 같은 그들의 말을 믿을 수야 없을지라도, 우리의 임기응변에 달렸으니 일시적으로 병화를 완화시키는 계책으로 삼는 것이야 그만둘 수가 없는 것이로다. 헌데 오랑캐의 본심을 헤아리기가 어려운 것이 천조(天朝) 명나라를 거절하라는 말까지 있는 것이나, 이는 군신(君臣)의 직분이야 천지가 살피는 바인지라 대의가 분명한 것이니, 차라리 국가가 망하고 말지언정 감히 따를 수 없는 것이다.

조정에서 바야흐로 진창군(晋昌君) 강인(姜絪)을 보내어 오랑캐에게

회답하려는데, 이 한 가지 조목만은 기필코 마땅히 준엄하게 거절하고야 말 것이로다. 오랑캐가 이 한 가지 조목을 버리고 화친과 우호 맺기를 요구한다면, 성을 내려가서 항복하는 수치가 있을지언정 눈앞의 위급함이라도 늦추어야겠다. 다만, 한없는 욕심과 따르기 어려운 요구 가운데 하나라도 따르지 아니함이 있으면 그 화가 더욱 혹심해질 것인바, 예전의 귀감(龜鑑)이 멀리 있지 않으니 바로 송(宋)나라 때이라. 존망의 위기가 지금이 그때일지라도, 지금으로서의 우리 속셈은 경기(京畿)의 병졸들은 남한산성에 주둔하고, 삼남(三南)의 병사들은 한강 어귀를 차단하고, 서북(西北)의 군사들은 적의 후방을 살피면서, 칼날을 예리하게 갈고 있다가 기회를 보아 무찔러 없앨 수 있기를 바라는 것이다. 다만, 강도(江都) 중심지의 형세가 몹시 위태로워서 삼군(三軍)은 한데 나와 있고 백관(百官)도 석벽에 기대고 있는데, 군량마저 바야흐로 떨어지고 수군도 모여들지 않는다. 연안의 여러 둔영(屯營)에 병력과 군량이 모두 모자라고, 서쪽 군사가 새로 패전하였는데도 북쪽 군사가 이르지 않으니, 곧 무너질 날이 머지않고 바로 조석에 있도다. 지금이 바로 충신(忠臣)과 열사(烈士)가 눈물을 흘리면서 조서를 읽고 진심에서 우러나오는 정성으로 의병을 일으킬 때이로다.

아! 너희 번진(藩鎭)과 수령, 선비와 백성들은 모두 충의(忠義)의 마음을 분발하여 왕이 분개하는 상대를 토벌하되, 혹은 병마(兵馬)를 재촉하기도 하고 혹은 군량을 운송하기도 하여, 마음을 합쳐 함께 원수 갚아서 국난을 구하라. 아! 나랏일이 참으로 위급하니, 위급함을 당하여 그대들은 몸을 아끼지 않고, 예리한 무기로 때에 따라 공을 세우면 내가 인색하지 않게 상을 내릴 것이로다. 그러므로 이에 교시(教示)하노니 의당 자세히 알지어다.

천계(天啓) 7년(1627) 정월 일

敎文

王若曰:

不吊昊天[1], 降禍于我國, 女眞小醜[2], 越兹蠢爾[3], 西土人民[4], 咸罹兵刃。 龍灣[5]·凌漢·淸川三城, 不能持守, 以至[6]平壤潰·黃州散, 封豕長蛇[7]其勢, 有不可遏。

惟予不德, 誕[8]遭大艱, 不得不踵太王之踰梁[9], 小避兇鋒, 兹奉廟

* 이 敎文은 인조 5년(1627) 2월 4일 반포한 것이다. ≪仁祖實錄≫(이하 <실록>이라 함) 해당일의 14번째 기사에 해당한다. 이 글의 번역과 주석은 『역주 창의록』(신적도 저, 신해진 역, 역락, 2009)의 38~39면과 117~119면을 전재한 것이다.

1) 昊天(호천): <실록>에는 '天'으로 되어 있음. '不吊'에서 '吊'의 뜻은 ≪詩經≫<小雅 · 節彼南山>의 "하늘이 돌보지 않음이여! 우리 백성들을 궁하게 만들지 않았어야 되는 것을.(不吊昊天, 不宜空我師.)" 구절과, ≪書經≫<周書 · 大誥>의 "하늘이 돌보지 않아 우리 집안에 재난을 내리심에 있어 조금도 지체하지 않았다.(弗吊天, 降割于我家, 不少延.)"는 구절을 참고하면, '불쌍히 여기다'의 뜻이다.

2) 小醜(소추): 미천한 놈.

3) 蠢爾(준이): <실록>에는 '蠢'으로 되어 있음.

4) 越兹蠢爾, 西土人士(월자준이, 서토인사): ≪書經≫<周書 · 大誥>의 "서쪽 사람들은 편치 못할 것인데, 지금 이미 움직이고 있다.(西土人亦不靜, 越兹蠢.)"는 구절을 활용함. '人民'은 <실록>에 '人'으로 되어 있다.

5) 龍灣(용만): 지금의 평안북도 義州.

6) 至(지): <실록>에는 '至于'로 되어 있음.

7) 封豕長蛇(봉시장사): 큰 멧돼지와 뱀이란 뜻으로, 탐욕을 부리며 난폭하게 덤벼든다는 의미임. "吳나라는 봉시장사라서 끊임없이 상국을 침범하고 있다.(吳爲封豕長蛇, 以荐食上國.)"(≪春秋左氏傳≫ 定公 4년조)에서 그 용례가 나온다.

8) 誕(탄): 이에. 발어사이다.

9) 太王之踰梁(태왕지유양): 滕文公의 질문에 孟子가 "옛날에 태왕이 빈에

社·慈殿[10], 出次[11]江都。 江都人[12]士女[13], 顚仆道途[14], 萬品失序, 八路震蕩, (二字缺)[15]靦貌[16], 罪實在予, 尙何言哉? 伊賊自過安州以後, 累差人[17]致書[18], 以要通好[19]。犬羊之言, 雖不可信, 在我權宜應變, 以爲一時緩兵之計, 則有不可已。而虜心叵測[20], 至以拒絶天朝爲辭, 此則君臣天地, 大義截然, 有以國斃, 不敢從也。

朝廷方遣晋昌君姜絪[21], 回答于虜中, 此一款, 必當[22]嚴辭拒之[23]。

있을 때 오랑캐들이 침입해 들어오자, 가죽과 비단으로써 그들을 섬겼으나 그들의 침입을 면할 수 없었고, 개와 말로써 그들을 섬겼으나 그들의 침입을 면할 수 없었으며, 주옥으로써 그들을 섬겼으나 역시 그들의 침입을 면할 수 없었나이다. 이리하여 태왕은 그곳 노인들을 모아 놓고 '오랑캐들이 원하는 것은 바로 우리의 토지인 것이오. 내 듣건대 군자는 사람을 기르는 땅 때문에 사람을 해치는 않는다 하오. 그대들은 어찌 임금 없는 것을 걱정할 것이 있으리오. 내가 이곳을 떠나려 하오.' 하고, 빈을 떠나 양산을 넘어 기산 아래에 도읍을 정하고 살았다.(昔者大王居邠, 狄人侵之. 事之以皮幣, 不得免焉, 事之以犬馬, 不得免焉, 事之以珠玉, 不得免焉. 屬其耆老而告之曰, '狄人之所欲者, 吾土地也. 吾聞之也, 君子不以其所以養人者害人. 二三子何患乎無君? 我將去之.' 踰梁山, 邑于岐山之下居焉.)"(≪孟子≫<梁惠王章句下)고 한 말을 일컬음.

10) 慈殿(자전): 임금의 어머니를 이르던 말.(慈聖)
11) 出次(출차): 寢宮을 떠나 평시 머무는 곳에 거주함.
12) 江都人(강도인): <실록>에는 '都人'으로 되어 있음. <실록>의 어귀가 문맥상 더 부합하여, 이에 따른다.
13) 士女(사녀): 남자와 여자를 아울러 이르던 말.
14) 道途(도도): 길바닥. <실록>에는 '道路'로 되어 있음.
15) 해당 글자는 '痛心'임.
16) 靦貌(전모): <실록>에는 '靦顔'으로 되어 있음.
17) 差人(차인): 관아에서 임무를 주어 파견하던 사람을 이르나, 여기서는 '사신'을 의미함.
18) 致書(치서): <실록>에는 '致胡書'로 되어 있음.
19) 通好(통호): 우호를 맺음.
20) 叵測(파측): 헤아리기 어려움.
21) 姜絪(강인, 1568~1634): 우의정 姜士尙의 아들. 姜弘立의 숙부. 임진왜

賊若捨此一款，仍求和好，則雖有城下之恥，小[24]紓目前之急。第無厭之欲[25]，難從之請，一有不從，其禍尤酷，前鑑不遠，在宋之世[26]。危急存亡，此雖其時[27]，乃今日定算，則甸服[28]之卒，屯據南漢，三南之兵，遮截[29]漢口；西北之軍，議賊之後，庶齊鋒淬刃，相機勦滅。但江都[30]根本，形勢孤危，三軍暴露，百官倚壁，而粮餉[31]方匱，舟師未集，沿江諸屯，兵食俱缺，西師新敗[32]，北軍未到，而隳突之患，政[33]在朝夕。斯乃忠臣·烈士，流涕讀詔，血誠[34]起義[35]之秋也。

란 때 왕을 호종한 공으로 1604년 扈聖功臣 3등에 녹훈되고, 晉昌君에 봉해졌다. 정묘호란 때는 回答使로 적진에 내왕하여 적정을 비밀리에 탐색하며 협상을 벌였다. 그 후 한성부좌윤, 한성부우윤을 역임하였다. 일찍이 선천군수로 있을 때 30여 리의 관개수로를 팠는데, 백성들이 이것을 '姜公堤'라 불렀다.

22) 必當(필당): <실록>에는 '當'으로 되어 있음.
23) 拒之(거지): <실록>에는 '以拒之'로 되어 있음.
24) 小(소): <실록>에는 '姑'로 되어 있음.
25) 欲(욕): <실록>에는 '慾'으로 되어 있음.
26) 在宋之世(재송지세): '采石大捷.'을 염두에 둔 표현임. 1161년 金의 海陵王이 백만 대군을 이끌고 淮河와 長江을 건너려고 했지만, 對岸의 采石磯를 지키고 있던 南宋의 명장 虞允文이 이끄는 약 2만의 군대에게 대패했다.
27) 危急存凶, 此雖其時(위급존흉, 차수기시): <실록>에는 생략되어 있음.
28) 甸服(전복): <실록>에는 '畿服'로 되어 있음. 甸服은 周王의 직접 통치 지역으로 왕성으로부터 사방 500리를 일컫는 것인데, 여기서는 '경기지방'을 이름.
29) 遮絶(차절): <실록>에는 '遮截'로 되어 있음.
30) 江都(강도): <실록>에는 '江左'로 되어 있음.
31) 粮餉(양향): <실록>에는 '糧餉'으로 되어 있음.
32) 敗(패): <실록>에는 '破'로 되어 있음.
33) 政(정): <실록>에는 '正'으로 되어 있음.
34) 血誠(혈성): 진심에서 우러나오는 정성.
35) 起義(기의): <실록>에는 '報義'로 되어 있음.

咨爾藩鎭守宰·大小士民, 咸奮忠義, 敵王所愾[36], 或催趲兵馬, 或督運粮餉, 同心同仇, 以赴[37]國亂。嗚呼[38]! 王事[39]孔棘, 臨危爾莫愛身, 利器[40]須時有功, 予不吝賞。故玆教示, 想宜知悉。

天啓七年 正月 日

---

36) 敵王所愾(적왕소개): 신하가 임금의 적을 공격함. "제후는 천왕이 분개하는 상대를 토벌해서 그 공을 바쳐야 하는 법이다.(諸侯敵王所愾, 而獻其功.)"(≪春秋左氏傳≫ 文公 4년조)는 구절에서 인용한 것이다.

37) 赴(부): <실록>에는 '報'로 되어 있음.

38) 嗚呼(오호): <실록>에는 '於戲'로 되어 있음.

39) 王事(왕사): 나랏일.

40) 利器(이기): 後漢의 虞詡가 "반근착절의 상황을 만나지 않는다면, 칼이 예리한지 무딘지 분간할 수가 없으니, 지금이야말로 내가 공을 세울 기회이다.(不遇盤根錯節, 無以別利器, 此乃吾立功之秋.)"라고 한 데서 나온 말.

호소사 김장생 장계(號召使金長生狀啓)

1월 19일, 우부승지(右副承旨) 김상(金尙)이 성첩(成貼)한 유지(有旨: 왕명서)에서 유시(諭示)하기를, "국가가 불행하여 누르하치 오랑캐들이 변경을 침범하여 의주(義州)를 지키지 못했고 점차 선천(宣川)과 정주(定州)까지 쳐들어왔다. 만일 흉적의 칼날이 양서(兩西: 평안도와 황해도)를 뚫고 지나서 국토 중앙까지 깊숙이 쳐들어오면, 나라가 회복되는 바탕은 오직 남쪽 지방에 달려 있으니, 환란에 대비하는 방도는 긴 안목으로 하지 않을 수 없다. 이에 경(卿)을 호소사로 삼고 인신(印信)을 내려 보내니, 경은 의병을 규합하고 그들을 통솔하여 나라에 충성을 다하도록 하라." 하였사옵니다. 신은 이달 19일에 연산(連山: 충남 논산에 있는 지명)의 본가에 있다가 왕명서(王命書)와 인신을 받잡고 감격스럽기 그지없었사옵니다.

신(臣)은 며칠 전에 흉적의 변란을 듣고 의리상 의당 기어서라도 임금께 충성하는 대열에 나아가야 했지만, 여든의 나이에 말을 타고 달려갈 수도 없는데다 또한 질병에 몸져누워 있었으니 단지 스스로 걱정스러움에 눈물만 흘렸을 뿐입니다. 이제 호소사로 임명하는 어명을 받자오니, 신이 아무리 늙고 귀먹었어도 어찌 감히 마음과 힘을 다하여 전하께서 책임 지워주신 뜻에 부응하지 않겠습니까? 신은 곧장 마땅히 의병을 불러 모와서 저 제갈량(諸葛亮)처럼 몸이 닳도록 힘을 다하여 나랏일에 힘쓰고 죽은 뒤에야 그만둘 것입니다. 다만 신은 늙고 병들었을 뿐 아니라 병법(兵法)을 전혀 알지 못하니, 이제 만약 전제(專制)하는 데만 부지런히 힘쓰다가 일을 그르치기라도 한다면, 신이 얻는 죄야 진실로 말할 것도 없거니와 나랏일에 있어서 미치는 바는 매우 클 것이옵니다. 삼가 바라건대, 조정의 신하 가운데 장수로 쓸 만한 재주가 있는 자를 택하여 보내주시어 그로 하여금 신과 함께 일을 같이할 수 있도록 하옵소서.

號召使 金長生 狀啓

正月十九日[1], 右副承旨[2]金尙[3], 成貼[4]有旨[5], 諭[6]"以國家不幸, 奴賊犯邊, 義州失守, 轉入宣定[7]。萬一賊鋒, 穿過兩西[8], 深入腹內, 則恢復之資, 惟在南方, 慮患之道, 不可不長。玆以卿爲號召使, 印信[9]下送, 卿其糾合義旅, 董率勤王者." 臣於本月十九日, 在連山[10]本家, 受有旨

---

1) ≪인조실록≫ 1627년 1월 19일 1번째 기사에 분명히 비국의 요청에 따라 '鄭經世를 경상좌도 호소사, 張顯光을 경상우도 호소사, 金長生을 兩湖 호소사로 삼았다'고 되어 있음.
2) 右副承旨(우부승지): 조선시대 承政院의 정3품 堂上官. 정원은 1원이다. 왕명의 출납과 六曹의 업무를 나누어 맡았다.
3) 金尙(김상, 1586~1653): 본관은 尙州, 자는 友古, 호는 仕隱. 아버지는 동지중추부사 金德謙이며, 어머니는 洪偉의 딸이다. 金長生의 문인이다. 1610년 별시문과에 급제하여 文翰官을 거쳐, 1623년 正言으로서 李峻·尹煌 등과 함께 강화도에 안치된 廢世子의 탈출사건에 대한 관대한 처리를 건의하다가 은계찰방으로 좌천되었다. 곧이어 병조참지를 거쳐 1625년 강원도관찰사로 나갔다. 1626년에 京職으로 돌아와 동부승지·우승지·6좌승지 등을 번갈아 역임하면서 경연참찬관을 겸임하기도 하였다. 1643년 충청감사가 되기도 하였으나 곧 승지 직임에 복귀하였는데, 그는 무리 없는 처신으로 인조의 신임을 받으면서 25년간 喉舌職에 머물렀다.
4) 成貼(성첩): 문서에 官印을 찍던 일.
5) 有旨(유지): 승정원의 담당승지가 왕으로부터 직접 명을 받아서 그 내용을 자신이 작성하여, 담당승지의 직함과 성을 쓰고 수결을 한 뒤 被命者에게 전달하는 중요한 王命書.
6) 諭(유): 諭示. 타일러 가르침.
7) 宣定(선정): 宣川과 定州. 둘 다 평안북도에 있는 고을 이름이다.
8) 兩西(양서): 관서와 해서 지역을 일컬음. 곧, 평안도와 황해도를 지칭한다.
9) 印信(인신): 도장이나 관인 따위를 통틀어 이르는 말.
10) 連山(연산): 충남 논산에 있는 지명.

及印信，不勝感激。

臣數日前聞賊變，義當匍匐，進詣勤王之列，而八十之年，不能跨馬奔趍，兼且疾病委頓，只自悶泣而已。今承成命[11)]，臣雖老聾，何敢不盡心力，以副殿下委任之意乎? 臣卽當召募義旅，鞠躬盡瘁[12)]，死而後已。第臣非但老病，全昧韜鈐[13)]，今若黽勉專制，以致僨事[14)]，則臣之獲罪，固不足言，而其於國事，所關甚大。伏望擇遣廷臣中有將才者，使之與臣同事云云。

---

11) 成命(성명): 임금이 신하의 身上에 관하여 결정적으로 내리는 명령.

12) 鞠躬盡瘁, 死而後已(국궁진췌, 사이후이): 諸葛亮의 <出師表>에 나오는 말. 곧, "신은 몸과 마음을 다 바쳐 나라에 보답하다가 죽은 뒤에야 그만둔다.(臣鞠躬盡力, 死而後已.)"이다.

13) 韜鈐(도검): 고대의 兵書인 ≪六韜≫와 ≪玉鈐篇≫의 병칭하는 말. 여기서는 병법이라는 의미이다.

14) 僨事(분사): 실패하여 틀려 버린 일.

호소사 격문(號召使檄文)

호소사는 삼가 각 고을의 수령과 선비와 백성들에게 고하노라.

아, 하늘이 우리나라에 앙화(殃禍)를 내려 만주 오랑캐들이 대거 쳐들어왔는데, 계속 몰아쳐오는 기세를 막을 수 없으니 적을 막아내는 계책이 몹시 급하다. 아, 우리 호남과 호서는 본디 충렬(忠烈)의 고장이요 인재의 보고라고 일컬어졌으니, 모든 사대부와 백성들은 어찌 차마 앉아서 보고만 있으랴. 의리상 의당 난리에 나아가야 할 터, 통고(通告)가 오기를 기다리지 말고 먼저 떨쳐 일어나야 할 것이다.

못난 나는 80세의 쇠한 늙은이로서 능히 아무것도 못할 사람이나, 이 어렵고 위태한 때를 만나 주상의 교지를 공경히 받자오니, 그 교지에 이르시기를 "국가가 불행하여 누르하치 오랑캐들이 변경을 침범하여 의주(義州)를 지키지 못했고 점차 선천(宣川)과 정주(定州)까지 쳐들어왔다. 만일 흉적의 칼날이 양서(兩西: 평안도와 황해도)를 뚫고 지나서 국토 중앙까지 깊숙이 쳐들어오면, 나라가 회복되는 바탕은 오직 남쪽 지방에 달려 있으니, 환란에 대비하는 방도는 긴 안목으로 하지 않을 수 없다. 이에 경(卿)을 호소사로 삼고 인신(印信)을 내려 보내니, 경은 의병을 규합하고 그들을 통솔하여 나라에 충성을 다하도록 하라." 하였다.

못난 나는 감히 늙고 병들었다 해서 그만둘 수도 없었고 또한 어리석고 미련하다 하여 사양할 수도 없어서, 모기가 태산을 짊어지려는 힘이지만 헤아릴 겨를 없이 오직 나라를 위하여 목숨 받칠 뜻을 가다듬었다. 그래서 이달 23일에 비로소 막부(幕府: 지휘소)를 세우고, 이에 한두 명의 동지들과 함께 몇몇 사대부와 백성들을 불러 모았다. 앞으로 제현(諸賢)들의 도움을 바라면서 마음속을 터놓고 고하노라.

바라건대, 모든 군자들은 말을 타고 번개처럼 달려와서 칼을 잡고 그림자처럼 따르라. 계책을 지닌 자는 벗들과 와서 전략을 세울 것이고, 재주와 용맹을 지닌 자는 팔을 걷어붙이고 적을 무찌를 것이다. 그리고 능히 몸소 따를 수 없는 자는 의병을 불러 모으고 건장한 사내들을 규합하되, 때맞춰 이끌고 가는 것을 대신할 장수를 정하여서 급히 전쟁터에 보내도록 하라. 장수로 쓸 만한 재목이 있으면 공들은 천거하고, 부지런하고 성실한 유생은 군량을 담당하는 유사(有司)로 정하며, 사무에 밝고 재능이 많은 자는 군기(軍器)를 감독하고 제조하는 것을 나누어 맡기고, 각 고을의 수령 가운데 일을 같이할 뜻이 있는 자는 못난 내가 순찰사(巡察使)와 의논하여 편의대로 할 것이다.

아, 지금은 진실로 나라의 존망을 다투는 위급한 때이니, 의로운 선비들은 나라를 위해 목숨을 바쳐야 할 날이로다. 모든 군자들이여 힘쓰고 힘쓸지어다.

천계(天啓) 7년(1627) 1월 25일.

소모유사(召募有司): 진사 류평, 유학 고부민·류술, 진사 박충렴, 전 현감 기정헌, 유학 윤경, 전 현감 박지효, 전 별제 신필, 전 현감 정민구.

이 경우에 차례대로 신속히 전하되 일시(日時)를 써 넣고, 가장 마지막 고을에 도착한 유사는 막부(幕府)로 돌려보내며, 각 고을의 소모유사들은 막하(幕下)로 급히 달려가지 말고 불러 모으는 것에 힘쓰도록 하라. 그 불러 모은 수효는 낱낱이 급히 알리되, 일의 형세가 매우 다급하니 밤낮을 가리지 말고 거행하며, 각 방면으로 각기 유사 두 사람을 정하여 한 사람은 의병을 모으고, 한 사람은 군량 거두는 일을 하라.

號召使檄文

號召使謹告于列邑守令大小士民。嗚呼! 天禍吾東, 寇戎[1]充斥[2], 長驅[3]之勢莫遏, 捍禦之策方急。咨爾[4]兩湖, 素稱忠烈之鄕·人才之府, 凡厥士夫庶民, 豈忍坐視? 義當赴亂, 不待通告, 想已先奮。

不佞以八十頹耋, 無能爲者, 而値此艱危之際, 祗受有旨, 若曰: "國家不幸, 奴賊犯邊, 義州失守, 轉入宣定[5]。萬一賊鋒, 穿過兩西[6], 深入腹內, 則恢復之資, 惟在南方, 慮患之道, 不可不長。玆以卿爲號召使, 印信[7]下送, 卿其糾合義旅, 董率勤王."

不佞不敢以老病退, 亦不敢以駑劣辭, 不量負山之力[8], 惟勵死國之志。乃於本月二十三日, 始建幕府[9], 爰與一二同志, 召集若干士庶。日望諸賢之相助, 玆敷心腹以誕告。

惟願諸君子, 躍馬雷奔, 伏劍影從[10]。有計慮者, 朋來運籌疇, 有才勇者, 奮臂折衝[11]。其有不能躬從者, 召募義旅, 糾合健兒, 及時奬率, 擇定

---

1) 寇戎(구융): 국외에서 쳐들어온 야만인.
2) 充斥(충척): 많아서 그득한 모양.
3) 長驅(장구): 먼 길을 단숨에 달려감.
4) 咨爾(자이): 말머리에 쓰여 찬탄이나 기원을 나타냄.
5) 宣定(선정): 宣川과 定州. 둘 다 평안북도에 있는 고을 이름이다.
6) 兩西(양서): 관서와 해서 지역을 일컬음. 곧, 평안도와 황해도를 지칭한다.
7) 印信(인신): 도장이나 관인 따위를 통틀어 이르는 말.
8) 負山之力(부산지력): ≪莊子≫<應帝王>에 한계가 있는 인간의 힘을 비유하면서 "모기에게 태산을 짊어지게 하는 격이다.(使蚊負山)"라고 한 데서 나온 말. 임금의 은혜를 감당할 수 없다는 뜻의 謙辭이다.
9) 幕府(막부): 변방에서 지휘관이 머물면서 군사를 지휘하던 軍幕.
10) 影從(영종): 그림자처럼 붙어서 따라다님.
11) 折衝(절충): 折衝禦侮의 준말로, 적의 침입을 격파하여 모욕당하지 않게 한다는 뜻.

代將[12], 急赴軍前。如有將才者, 公其薦擧, 勤幹儒生, 擇定粮餉有司, 解事多能者, 分掌軍器監造, 列邑守宰, 有志同事者, 不佞議于巡察, 俾從便宜。

嗚呼! 此誠危急存亡之秋[13], 義士殉國之日也。百爾君子, 勗哉勗哉。

天啓七年, 正月二十五日。

召募有司: 進士柳玶, 幼學高傳敏·柳述, 進士 朴忠廉, 前縣監 奇廷獻, 幼學 尹熲, 前縣監 朴之孝, 前別提 申渾, 前縣監 鄭敏求。

此亦中[14], 次次[15]飛傳[16]爲乎矣[17], 日時書塡[18], 終到有司, 還送幕府爲旀[19], 列邑召募有司等, 不須急赴幕下, 務爲召募。其召募數爻, 這這[20]馳報爲乎矣, 事勢孔棘, 罔晝夜擧行爲旀, 面面[21]各定有司二人, 一爲募軍, 一爲募粟事.

---

12) 代將(대장): 남의 책임을 대신하여 출전한 장수.
13) 此誠危急存亡之秋(차성위급존망지추): 諸葛亮이 바친 <前出師表>의 "선제께서 창업을 반도 못 이룬 채 중도에 붕어하시고, 지금 천하가 셋으로 나누어진 가운데 익주가 피폐하니, 이는 참으로 존망이 달린 위급한 때입니다.(先帝創業未半而中道崩殂, 今天下三分, 益州疲弊, 此誠危急存亡之秋也.)"에서 나온 말.
14) 亦中(역중): '경우에'의 이두 표기.
15) 次次(차차): 차례대로.
16) 飛傳(비전): 역참의 車馬 또는 다급한 일을 맡아 처리하는 파발이라는 뜻이나, 여기서는 '신속하게 전하다'는 의미임.
17) 爲乎矣(위호의): '하되'의 높임말에 대한 이두 표기.
18) 書塡(서전): 글자를 써넣음.
19) 爲旀(위며): '하며'의 이두 표기.
20) 這這(저저): 낱낱이.
21) 面面(면면): 각 방면.

의병장 임명장(義兵將差帖)

호소사가 임명하는 일.

의병장에 임명하니 매우 서둘러서 <임명장>이 도착하는 즉시 달려오되, 의병을 모집하는 사람[召募人] 및 군량을 거두는 사람[募粟人]을 갖가지로 가르치고 타일러서 국난을 구제할 일.

아래 사람
전 감찰 고순후

천계 7년 정월 28일에 이미 장계를 올려서 그에게 감찰 직임을 맡겼음.

정월 29일에 도착함.

義兵將差帖[1)]

號召使爲差定[2)]事。義兵將差定爲去乎[3)], 急急到卽刻馳來爲乎矣[4)], 召募人及募粟人, 多般敎諭[5)], 以濟國事向事[6)]。

右下

前 監察[7)] 高循厚

天啓七年, 正月二十八日, 已爲狀啓, 知之察任。

正月二十九日到。

---

1) 差帖(차첩): '차접'의 원말. 구실아치 따위를 임명하던 사령장.
2) 差定(차정): 임명하여 사무를 맡김. 또는 하급관리의 임명.
3) 爲去乎(위거호): '하니'의 이두 표기.
4) 爲乎矣(위호의): '하오되'의 이두 표기.
5) 敎諭(교유): 가르치고 타이름.
6) 向事(향사): '할 일'의 이두 표기.
7) 監察(감찰): 조선 시대에, 사헌부에 속하여 관리들의 비위 감시, 회계 감사, 儀典 감독 따위의 일들을 맡아 하던 정6품 벼슬.

의병장 보고서(義兵將報狀)

의병장이 급히 보고하는 일.

정월 그믐날 미시(未時: 오후 1~3시)에 도착한 도(道) 격문(檄文)에 따라서 바로 그날 의병청(義兵廳)을 설치하여 의병을 모집하고 군량을 거두는 일들을 밤낮 가리지 않고 조치하였는데, 그 당일 술시(戌時: 오후 7~9시)에 도착한 도(道) 의병장 임명장의 문서 안에는 '즉각 달려올 일.' 이라는 문서이었기에, 하루 이틀 사이에 모양새를 갖추지 못할 것이라 하므로 명령을 받들고자 단기(單騎)로 달려가야 할지, 우선 본청(本廳)에 머물러 의병을 모집하고 군량을 거두어야 하올지, 다시 명령하옵시며, 분담한 유사(有司)들의 성명을 보고서 뒤에 기록하는 일.

모병유사: 전 현감 정민구, 전 별제 신필, 전 현감 박지효,
충의위 이덕양·이성춘

군량유사: 진사 류평·박충렴, 유학 기의헌·고부립

군기유사: 유학 고부민·류술·고부필

문서유사: 진사 박종, 유학 윤경·방명달·이도·이정태·이용빈

지시사항: 달려올 필요가 없고, 우선 본청에 머무르면서 온 마음을 다해 조치하여 하나하나라도 얻는 대로 따르라.

급히 보고할 일. 2월 7일에 도착함.

義兵將報狀

義兵將爲馳報[1)]事。正月晦日未時, 到付[2)]道檄文導良[3)], 卽日排設義兵廳, 募兵募粟等事, 罔晝夜, 措置爲如乎[4)], 節[5)]當日戌時, 到付道義兵將差定下帖內, 節該[6)]'卽刻馳來事.' 下帖是置有亦[7)], 一二日之間, 不成貌樣是如乎[8)], 聽令次, 單騎馳進爲乎喩[9)], 姑留本廳, 調選兵粮爲乎乙喩[10)], 更良[11)]行下[12)]敎是乎旀[13)], 分掌有司等姓名, 後錄牒報[14)]爲臥乎事[15)]。

募兵有司: 前縣監鄭敏求, 前別提申滜, 前縣監朴之孝,
忠義衛李德養·李成春

粮餉有司: 進士柳玶·朴忠廉, 幼學奇義獻·高傅立

軍器有司: 幼學高傅敏·柳述·高傅弼

---

1) 馳報(치보): 지방에서 역마를 달려 급히 중앙에 보고하던 일.
2) 到付(도부): 公文이 도달함.
3) 導良(도량): '따라서'의 이두 표기.
4) 爲如乎(위여호): '하였는데'의 이두 표기.
5) 節(절): '이때'의 이두 표기.
6) 節該(절해): 공문서의 해당 구절을 간추려 기재하는 것.
7) 是置有亦(시치유역): '이라기에'의 이두 표기.
8) 是如乎(시여호): '이라 하므로'의 이두 표기.
9) 爲乎喩(위호유): '할지'의 이두 표기.
10) 爲乎乙喩(위호을유): '하올지'의 이두 표기.
11) 更良(갱량): '다시'의 이두 표기.
12) 行下(행하): 윗사람의 분부나 명령.
13) 敎是乎旀(교시호며): '이시오며'의 이두 표기.
14) 牒報(첩보): 서면으로 상관에게 하는 보고.
15) 爲臥乎事(위와호사): '하누온 일'의 이두 표기.

文書有司: 進士朴琮, 幼學尹熲·房明達·李瀵·李鼎泰·李用賓

題辭[16]: 不必馳來, 姑留本廳, 盡心措置, 從所得一一。

馳報事。二月初七日到。

16) 題辭(제사): 관부에서 백성이 제출한 訴狀이나 願書에 쓰던 관부의 판결이나 지령.

호소사 공문서(號召使關文)

호소사가 상고한 일.

의병을 모집하고 군량을 거두는 일은 이렇게 나라가 어렵고 위태로운 때를 만나 진실로 무엇보다도 먼저 서둘러 해야 할 일이었으므로 각 관리들에게 '잘 타이르되 스스로 원해서 군량을 내게 하라.'고 하였더니, 지금 듣건대 군량을 거두는 관리가 각 마을을 돌아다니면서 군량미를 강요하였기 때문에, 관군으로 뽑아가고 군량을 운반하는 것까지 극심한 데다 또 이런 일까지 생겨서 민간에 일어난 소요(騷擾)이라 하는 바, 지극히 염려스럽다.

이후일랑 선비 및 나라를 위해 보은하려고 스스로 군량을 바치는 사람은 제외하고, 그 나머지 어리석은 백성들에게는 절대로 강요하지도 말고 원통함을 호소하는 일도 없게 하라. 각기 소속한 소모관(召募官)들에게 알려주어서 시행하도록 하라.

호소사가 상고한 일.

오늘날 이처럼 의병을 모집하고 군량을 거두는 일이 아무리 나라의 의병을 위하여 부득이한 일에서 나온 것이라 하지만, 각 관리들이 대군(大軍)을 징발한 후에 강도(江都: 강화도)와 군대에 군량을 운반하는 일까지 한꺼번에 겹쳐 독촉하면 사람들이 그 고생을 감당할 수 없을 것이고, 의병 및 군량을 거두는 일까지 한꺼번에 몰아세우면 백성들이 더욱 소요를 일으킬 우려가 없지 않다고 한다.

의병은 관군 외에 충의위(忠義衛), 교생(校生), 한량(閑良) 등으로 본관 수령과 함께 의논하여 편리한 대로 의병을 모집하고 군량을 거두되, 남원(南原) 부근의 마을은 소모관 등이 남원부사와 상의하여 시행하고 피차간에 간섭하는 폐단이 없도록 해야 할 일.

천계(天啓) 7년 2월 7일 전주(全州)에서

임실.	남원.	곡성.	동복.	옥과.
순창.	창평.	담양.	광산.	화순.
남평.	능성.	보성.	장흥.	강진.

○ 이 경우에 각기 소관 부처는 이에 의거하여 시행하라.

號召使關文[1]

號召使爲相考事。募兵募粟之事, 當此國家艱危之日, 固其急務是乎等以[2], 各官良中[3], 使之開諭, 自願分粟亦有如爲乎[4], 今聞募粟官, 出入閭里, 强責米粗之故, 抄軍[5]運粮之極, 又有此擧, 以致民間騷擾是如爲臥乎所[6], 至爲可慮。

今後乙良[7], 士子及爲國報恩, 自願納粟人外, 其餘愚氓等處, 切勿强責, 俾無呼怨事。各其所屬, 召募官等處, 知委[8]施行事。

號召使爲相考事。今此募兵募粟之擧, 雖出於爲國家義旅不得已之事, 而各官大軍抄發之後, 江都及軍前, 運粮之事, 一時疊督, 則人不堪其苦是遣[9], 義旅及募粟之事, 一時驅迫, 則民間尤不無騷擾之患爲置[10]。義兵, 則官軍外, 忠義衛[11]·校生[12]·閑遊人等以[13], 與本官守令,

---

1) 關文(관문): 동등한 관부 상호 간 또는 상급 관부에서 하급 관부로 보내던 공문서.
2) 是乎等以(시호등이): '이오므로'의 이두 표기.
3) 良中(양중): '에게'의 이두 표기.
4) 亦爲有如乎(역위유여호): '라고 하였다더니'의 이두 표기.
5) 抄軍(초군): 관군으로 뽑아 모으는 일.
6) 是如爲臥乎所(시여위와호소): '이라 하는 바'의 이두 표기.
7) 乙良(을량): '을랑'의 이두 표기.
8) 知委(지위): 통지나 고시 따위의 형식으로 명령을 내려 알려 줌.
9) 是遣(시견): '이고'의 이두 표기.
10) 爲置(위치): '한다'의 이두 표기.
11) 忠義衛(충의위): 조선시대 중앙군으로서 五衛의 忠佐衛에 소속되었던 양반 특수 兵種.
12) 校生(교생): 조선 시대에, 향교에 다니던 생도. 원래 常民으로, 향교에서 오래 공부하면 儒生의 대우를 받았으며, 우수한 자는 생원 초시와 생원

同議從便，募兵募粟爲乎矣[14]，南原附近之邑，則召募官等，與南原府使，相議施行，俾無彼此掣肘[15]之弊向事。

天啓七年，二月初七日，在全州。

任實.	南原.	谷城.	同福.	玉果.
淳昌.	昌平.	潭陽.	光山.	和順.
南平.	綾城.	寶城.	長興.	康津.

○ 此亦中，各其所管，依此施行次。

복시에 응할 자격을 얻었다.

13) 以(이): '으로'의 이두 표기.

14) 爲乎矣(위호의): '하오되'의 이두 표기.

15) 掣肘(철주): 팔꿈치를 당긴다는 뜻으로, 간섭하여 마음대로 하지 못하게 함을 비유적으로 이르는 말

검찰사 공문서(檢察使關文)

검찰사가 상고한 일.

상도(上道)에서 내려올 때에 온 도(道)를 살펴볼 수 있었나니, 호소사가 불러들인 충의(忠義: 충의위에 소속된 사람)가 많이 있어도 전쟁터에는 적합하지 않은 노쇠한 사람일 뿐 아니라, 또한 시름하고 원망하는 작태가 있어 보통 군사의 예(例)로 전쟁터에 급히 내몰 수도 없다. 어김없이 기꺼이 나아가는 자는 제외하고, 스스로 노약함을 알아서 기꺼이 전쟁터에 달려가지 않을 자들일랑 군량을 스스로 바치도록 할 것이니, 노령(蘆嶺) 이상은 쌀 1섬을 노령 이하는 쌀 10되를 공주(公州)로든 자가(自家: 동궁이 임시로 있는 곳)로든 실어다 바쳐서 공적으로나 사적으로나 편안하게 하라. 시국이 매우 어렵고 위태로워서 동궁(東宮: 소현세자)의 거가(車駕)가 이미 남쪽으로 갔으니, 모든 혈기를 지닌 사람이면 그 누군들 통분하지 않으랴. 하물며 300년 당당했던 문물이 하루아침에 금수(禽獸) 같은 오랑캐에게 수모를 당하는 지경이 되었음에랴. 생각이 여기에 미치니 저절로 눈물이 흘러내린다. 우리 만백성이여 각각 힘을 다하여 함께 국난을 구하는 일에 나서라.

2월 12일 도착함.

檢察使關文

檢察使[1])爲相考事。道下來時，得見一路，號召使招致忠義[2])則多有，不合戰陣[3])，衰老之人叱不喩[4])，亦有愁怨之態，不可以凡軍士例，驅迫戰陣之間是置[5])。無違樂赴者外，自知老弱，不肯赴陣者乙良[6])，軍粮願納[7])爲去乎[8])，蘆嶺[9])以上米一石，蘆嶺以下米十斗，公州自家[10])，輸納以

---

1) 檢察使(검찰사): 이 책의 부록으로 영인된 다른 두 이본이 있는데, 한 이본에는 성명미상으로, 또 다른 이본에는 이원익으로 나와 있음. 李元翼(1547~1634). 본관은 全州, 자는 公勵, 호는 梧里. 벼슬이 영의정에 이르렀으나 청빈한 생활을 했으며, 병제와 조세제도를 정비하여 1587년 이조참판 權克禮의 추천하여 安州牧使로 있을 때 六番制를, 1608년에 대동법을 실시하는 데 공헌했다. 이러한 공로에 힘입어 대사헌·호조 및 예조의 판서를 지냈다. 이조판서 때 임진왜란이 일어나자 평안도 도순찰사가 되어 왕의 피란길에 호종하고, 1593년 李如松과 합세하여 평양 탈환작전에 공을 세워 평안도관찰사가 되었으며, 1595년 우의정에 올라 陳奏辨誣使로 명나라에 다녀온 후 1598년 영의정이 되었는데, 柳成龍을 변호하다 사직하였다. 1600년에는 좌의정을 거쳐 도체찰사에 임명되어 영남지방과 서북지방을 돌아보았다. 1604년 임진왜란 때의 공적으로 扈聖功臣에 책훈되고 完平府院君에 봉해졌다. 1608년(광해군 즉위) 영의정을 지내면서 수차 사의를 표했으나 수리되지 않던 중, 1615년 폐모론을 강력하게 반대하다가 洪川을 거쳐 여주로 유배되었는데, 1619년 풀려나왔다. 1624년 李适의 난 때는 80세의 노구로 공주까지 왕을 호종하였고, 1627년 정묘호란 때는 도체찰사로 세자의 호위를 맡았으며, 서울로 돌아와서는 訓鍊都監都提調를 마지막으로 낙향한 후에는 왕의 부름에도 응하지 않고 청빈하게 살았다.
2) 忠義(충의): 功臣의 자손으로서 충의위에 소속된 사람.
3) 戰陣(전진): 진을 치고 싸우는 곳.
4) 叱不喩(뿐불유): '뿐 아니라'의 이두 표기.
5) 是置(시치): '이어도'의 이두 표기.
6) 乙良(을량): '을랑'의 이두 표기.

便公私爲齊[11)]。時事艱危，東宮行殿[12)]，已行南方，凡有血氣之人，孰不痛惋? 況三百年堂堂文物，一朝受辱於禽獸之域? 言念及此，不覺淚下。惟我衆庶，各盡其力，共濟國事事。

二月十二日到。

---

7) 願納(원납): 자원하여 재물을 바침.

8) 爲去乎(위거호): '하니'의 이두 표기.

9) 蘆嶺(노령): 전라남도 장성에서 전라북도의 정읍으로 넘어가는 고개.

10) 公州自家(공주자가): 공주로든 자가로든. 자가는 소현세자가 임시로 머문 곳을 지칭하는 듯하다. 소현세자가 1월 24일 도성을 출발하여 1월 29일 공주에 도착하였는데 이곳에서 2월 1일부터 3일까지 머물렀으며, 그리고 4일 공주를 출발하여 7일 전주에 도착하여 36일간 머물렀다.

11) 爲齊(위제): '하라'의 이두 표기.

12) 行殿(행전): 바퀴 달린 이동식 전각으로, 곧 임시 거처의 일종임.

의병장 보고서(義兵將報狀)

의병장이 급히 보고하는 일.

이처럼 나라가 위급한 때에 비직(卑職: 의병장에 대한 겸칭)이 유사(有司) 등과 함께 온 정성을 다하여 군사를 모집하였고 군사를 의병이라 명명하였지만 마음대로 정할 수 없는 것이며, 무릇 군사 및 공노비와 사노비의 장정들은 모두 다 관군(官軍)에 나아갔습니다. 비록 남아 있는 자들이 있어도 혹은 늙고 병든 자를 농촌으로 돌려보내고, 혹은 부자나 형제가 함께 종군한 자를 분간하여 제외하니, 전투에 합당한 자는 한 사람도 없었고, 거듭 생각건대 비직은 백발 늙은 서생으로서 노쇠하고 사리에 어두우니 그 적임자가 아닙니다. 물정을 함부로 업신여기고 빈손으로 홀로 서서 일을 성취하기 어려울까 두려워하고 있으니 지극히 근심되고 염려스럽습니다.

길이 멀어서 모집에 응하지 못하는 사람들은 스스로 원하는 대로 군량과 군기(軍器)를 거두어 모아서 군수(軍需)에 보충해야 하올지 하교를 받들어 시행할 것이오며, 근래에 모아들인 군량과 병기의 수효를 차례대로 기록한 보고서를 올리거니와, 이 밖에 지금도 모집하거나 거두어들이기를 권유하는 일.

군량 60섬, 활 30장(張), 긴 화살[長箭] 35 부(部)。

지시사항[題辭]: 광산은 큰 읍인데도 모은 것이 극히 적으니 지극히 부당함. 여러 가지 방법으로 깨우치고 타이르되, 산쟁이[山尺]와 사포수(私砲手: 개인적으로 사냥하던 포수)는 마음대로 정하더라도 안 될 것이 없으니 급급히 거행할 일.

2월 16일. 전주에서.

의병장이 보고하는 일.

2월 2일에 비로소 본 현(本縣)에 의청(義廳)을 설치하고 의병을 모집하고 군량을 거둔 일이오되 한결같이 관군의 예(例)에 따라 외아들이나 형제가 함께 종군한 자를 분간한 것이고, 본 현의 의병들은 동궁(東宮)을 호위하고자 인솔하여 전주(全州)에 도착해 있으니 금강(錦江)에서 파수하거나 중로(中路)에서 주둔하고 있는 병사들은 모두 다 농촌으로 돌아가라는 이 교지(敎旨)가 있어서, 드디어 도체찰사(都體察使)의 지시로 군병은 이미 돌려보낸 것이고 성책(成冊: 책으로 만든 문서)과 군량, 활과 화살 등은 모두 올리는 일.

이상은 호소부사(號召副使)께 올림.

지시사항: 물품을 받치라는 문서가 도착함. 3월 12일.

3월 13일, 동궁이 전주에서 학가(鶴駕)를 돌려 강도(江都)로 갔다.

3월 14일, 의병장 및 각 유사들은 학가를 호종하여 여산(礪山)에 이르러 관가(官街)에서 두 손 모아 서서 공손히 전송하고 돌아왔다.

義兵將報狀

義兵將爲馳報事。當此國家危急之日，卑職與有司等，竭誠募兵，而兵以義名，不可勒定是旀[1]，凡軍士及公私賤丁壯者，盡赴官軍。雖有餘存良置[2]，或老病歸農，或父子兄弟分揀外，無一人戰用可合者是遣[3]，重念卑職，以白首書生，衰朽迂拙，將非其人。物情[4]輕慢，赤手孤立，恐難成就，極爲悶慮爲置[5]。道以參商[6]不爲應募人，從自願粮餉軍器收合，以補軍需爲乎乙喩[7]，行下敎是乎旀[8]，近日募得，粮械數爻，爲先後錄牒報[9]爲在果[10]，此外時方勸喩募聚爲臥乎[11]事。

軍粮 六十石，弓三十張，長箭三十五部。

題辭: 光山大邑，所募極少，極爲不當。多般開諭爲乎矣[12]，山尺[13]私砲手[14]段[15]，勒定未爲不可，急急擧行事。

---

1) 是旀(시며): '이며'의 이두 표기.
2) 良置(양치): '-여도'의 이두 표기.
3) 是遣(시견): '이고'의 이두 표기.
4) 物情(물정): 세상의 이러저러한 실정이나 형편.
5) 爲置(위치): '한다'의 이두 표기.
6) 參商(참상): 서로 멀리 떨어져 있는 것을 뜻하는 말.
7) 爲乎乙喩(위호을유): '하올지'의 이두 표기.
8) 敎是乎旀(교시호며): '이시오며'의 이두 표기.
9) 牒報(첩보): 보고서 성격의 문서인 牒로을 올린다는 뜻.
10) 爲在果(위재과): '하거니와'의 이두 표기.
11) 爲臥乎(위와호): '하는'의 이두 표기.
12) 爲乎矣(위호의): '하오되'의 이두 표기.
13) 山尺(산척): 산쟁이. 산속에 살면서 사냥하고 약초 캐는 일을 하는 사람.
14) 私砲手(사포수): 국가 기관에 적을 두지 아니하고 개인적으로 사냥하던 포수.
15) 段(단): '은'의 이두 표기.

二月十六日，在全州。

義兵將爲上使事。二月初二日，始設廳於本縣，募兵募粟是乎矣[16]，一依官軍例，獨子及兄弟從軍分揀是遣，本縣義兵，東宮護衛次，領到全州，則錦江把截[17]及中路留屯之兵，盡爲歸農，亦[18]有旨，導良[19]都體府行下(以[20])，軍兵段[21]已爲放還是遣，成册[22]及軍粮·弓矢等，幷只[23]上使事。

右呈號召副使。

題辭：捧上[24]到付[25]。三月十二日。

三月十三日，東宮自全州，還駕江都。

同月十四日，義兵將及各有司，扈駕至礪山，拱立官街，祗送而歸。

---

16) 是乎矣(시호의): '이오되'의 이두 표기.
17) 把截(파절): 지세가 험하여 적을 방어하는 데 편리한 要害處를 파수하며 경비함.
18) 亦(역): '이'의 이두 표기.
19) 導良(도량): '드디어'의 이두 표기.
20) 以(이): '로'의 이두 표기.
21) 段(단): '은'의 이두 표기.
22) 成册(성책): 책으로 만든 문서.
23) 幷只(병지): '모두'의 이두 표기.
24) 捧上(봉상): 관가에서 백성들로부터 貢物·租稅·還穀 등을 받아들이는 것.
25) 到付(도부): 문서가 도착함.

의병을 일으킨 제공들의 사실

전 감찰 고인후(前監察 高循厚)

자는 도상(道常), 호는 정헌(靜軒), 본관은 장흥(長興)이다. 기묘명현(己卯名賢) 형조좌랑(刑曹佐郎) 증 예조참판(贈禮曹參判) 고운(高雲)의 증손이며, 충렬공(忠烈公) 제봉(霽峯) 고경명(高敬命)의 아들이다. 신묘년(1591)에 진사가 되었고, 관직은 형조좌랑에 이르렀다. 갑자년(1624)에 이괄(李适)이 난을 일으키자, 온 도(道)의 동지들과 함께 의곡(義穀)을 거두어 군량미를 준비하였으나 얼마 지나지 않아 이괄이 주벌(誅罰)되니, 거두어들였던 의곡을 감영(監營)에 보내어 바쳤다. 이 정묘호란에 이르러 의병장이 되었다.

前監察高循厚

字道常, 號靜軒, 長興人。己卯名賢刑曺佐郎贈禮曺參判雲[1]曾孫, 忠烈公霽峯[2]敬命子。辛卯[3]中進士, 官至刑曺正郎。甲子[4]适[5]亂, 與

---

1) 雲(운): 高雲(1495~?). 본관은 長興, 자는 彦龍·從龍, 호는 霞川. 아버지는 高子儉이며, 의병장 高敬命의 할아버지이다. 1519년 별시문과에 병과로 급제하였으며 벼슬은 형조좌랑에 이르렀다. 趙光祖와의 친교 때문에 기묘사화에 연좌되어 파직된 적이 있으나, 뒤에 예조참판으로 추증되었다. 호랑이그림을 잘 그렸다고 한다.

2) 霽峯(제봉): 高敬命(1533~1592)의 호. 본관은 長興, 자는 而順, 호는 苔軒. 아버지는 대사간 高孟英이며, 어머니는 진사 徐傑의 딸이다. 1552년 진사가 되었고, 1558년 식년문과에 장원으로 급제해 成均館典籍에 임명되고, 이어서 공조좌랑이 되었다. 그 뒤 홍문관의 부수찬·부교리·교리가 되었을 때 仁順王后의 외숙인 이조판서 李樑의 전횡을 논하는 데 참여하고, 그 경위를 이량에게 몰래 알려준 사실이 드러나 울산군수로 좌천된 뒤 파직되었다. 1581년 영암군수로 다시 기용되었으며, 이어서 宗系辨誣奏請使 金繼輝와 함께 書狀官으로 명나라에 다녀왔다. 이듬해 서산군수로 전임되었는데, 明使遠接使 李珥의 천거로 從事官이 되었으며, 이어서 종부시첨정에 임명되었다. 1590년 承文院判校로 다시 등용되었으며, 이듬해 동래부사가 되었으나 서인이 실각하자 곧 파직되어 고향으로 돌아왔다. 1592년 임진왜란이 일어나 서울이 함락되고 왕이 의주로 파천했다는 소식을 전해들은 그는 각처에서 도망쳐온 官軍을 모았다. 두 아들 高從厚와 高因厚로 하여금 이들을 인솔, 수원에서 왜적과 항전하고 있던 廣州牧使 丁允佑에게 인계하도록 했다. 전라좌도 의병대장에 추대된 그는 종사관에 柳彭老·安瑛·楊大樸, 募糧有司에 崔尙重·楊士衡·楊希迪을 각각 임명했다. 그러나 錦山전투에서 패하였는데, 후퇴하여 다시 전세를 가다듬어 후일을 기약하자는 주위의 종용을 뿌리치고 "패전장으로 죽음이 있을 뿐이다."고 하며 물밀듯이 밀려오는 왜적과 대항해 싸우다가 아들 인후와 유팽로·안영 등과 더불어 순절했다.

3) 辛卯(신묘): 선조 24년인 1591년.

一道同志，募穀以備兵餉，未幾适誅，呈納營門[6]。至是爲義兵將。

4) 甲子(갑자): 인조 2년인 1624년.
5) 适(괄): 李适(1587~1624). 본관은 固城, 자는 白圭. 선조 때 형조 좌랑·泰安郡守를 역임, 1622년 함북병마절도사가 되어 부임하기 직전 仁祖反正에 가담하여 이듬해 거사일의 작전 지휘를 맡아 반정을 성공케 했다. 이해 후금과의 마찰로 변방에서 분쟁이 잦자 평안도병마절도사 겸 副元帥로 발탁되어 寧邊에 出鎭하여 城柵을 쌓고 군사훈련을 실시하는 등 국경 경비에 힘썼으며, 이어 靖社功臣 2등에 책록되었다. 1624년에 반란을 일으켰다가 실패하고 참형되었다. 그의 반란은 뒤에 정묘호란의 한 원인이 되었다.
6) 營門(영문): 監營. 조선시대에, 관찰사가 직무를 보던 관아.

전 현감 정민구(前縣監 鄭敏求)

자는 경달(景達), 호는 묵재(默齋), 본관은 서산(瑞山)이다. 청백리(淸白吏) 호조판서 정순(鄭珣)의 6세손이요, 홍문관 교리 정희렴(鄭希廉)의 손자이며, 동계처사(東溪處士) 정즐(鄭騭)의 아들이다. 집안의 가르침을 받들어 과거 공부를 하지 않고 어버이를 섬김에 효성이 지극하였다.

선조(宣祖) 때 호종(扈從)한 공으로 병조(兵曹)의 낭관(郎官)에 보임(補任)되었다가, 궐군(闕軍: 군무를 기피한 군사) 1000여 명을 잡아들여 또 그 공으로 옮겨 도감랑(都監郎)과 사헌감찰(司憲監察)에 이르렀다. 혼조(昏朝) 광해군 때 관직을 버리고 향리로 돌아갔다. 계해년(1623) 반정이 일어난 뒤에 비안 현감(比安縣監)에 특별히 제수되었다. 병자년(1636)의 호란 때에는 의병을 일으킨 도유사(都有司)로서 근왕병(勤王兵)을 이끌고 청주(淸州)에 도착하였다가, 강화(講和)가 이루어졌다는 소식을 듣고서 의병을 해산하고 되돌아갔다.

前縣監鄭敏求[1]

字景達，號默齋，瑞山人。淸白吏戶曺判書洵[2]六世孫，弘文校理希廉[3]孫，東溪處士鷟[4]子。奉承家訓，不事擧業，事親至孝。以宣廟扈聖功，補兵曺屬郞，得闕軍[5]千人，又以功遷至都監郞·司憲監察。及昏朝，棄官還鄕。癸亥改玉[6]後，特除庇安縣監。丙子胡亂，以擧義都有司，領兵勤王，行到淸州，聞講和罷歸。

---

1) 鄭敏求(정민구, 1565~1645): 본관은 瑞山, 자는 景達, 호는 默齋. 金長生의 문인이다. 임진왜란 때 白衣로 의병을 모집하여 의주에서 왕을 호위한 공으로 兵曹郎을 거쳐 監察을 역임했다. 광해군 때는 은거하다가, 인조반정이 일어난 뒤에 比安현감을 지내고, 이괄의 반란 때에는 병으로 인해 난리가 난 곳에 달려가지 못하고 아들인 主簿 鄭之百을 보내어 公州에서 御駕를 호위하게 하였다. 정묘호란 때 김장생의 부름을 받아 모병유사가 되어 의병을 모집하여 전주에 도착하였다가 화의가 성립되자 礪山에서 鶴駕를 떠나보냈다. 병자호란 때에는 의병을 이끌고 淸州에 도착하였다가 城下의 맹세가 이루어졌다는 소식을 듣고는 통곡하고서 되돌아갔으며, 그 뒤로는 두문불출한 채 세상을 사절하였다.

2) 洵(순): 鄭洵. ≪호남절의록≫에는 鄭珣으로 나오는데, 이것이 옳다.

3) 希廉(희렴): 鄭希廉(1495~1554). 본관은 瑞山, 자는 而間, 호는 龍山.

4) 鷟(즐): 鄭鷟. 한국학중앙연구원의 한국역대인물 종합정보시스템에 의하면 정희렴의 외아들이 '鄭隲'로 나오는 바, 확인이 필요하다. 1997년에 간행된 『서산정씨대동보』에는 등재되어 있지 않아 확인할 수 없었다.

5) 闕軍(궐군): 병이나 유망 등의 이유로 軍務를 기피하여 이탈한 군사.

6) 癸亥改玉(계해개옥): 1623년 인조반정을 일컬음. 개옥은 패옥을 바꾼다는 뜻으로, 예를 고친다는 의미로 '反正'의 비유이다.

전 별제 신필(前別提 申澤)

자는 자혼(子混), 본관은 고령(高靈)이다. 부제학(副提學) 증 영의정 암헌(巖軒) 신장(申檣)의 6세손이요, 청백리(淸白吏) 대사간 귀래정(歸來亭) 신말주(申末舟)의 5세손이며, 청백리 이조판서 이계(伊溪) 신공제(申公濟)의 증손이다. 천성이 지극히 효성스러웠는데, 임진왜란 때 부친이 살해당하자 종신토록 거상(居喪)하는 사람처럼 지냈고 벼슬을 시켜도 나아가지 않았다. 병자년(1636)의 호란 때에는 의병을 일으킨 도유사(都有司)로서 근왕병(勤王兵)을 이끌고 청주(淸州)에 도착하였다가, 강화(講和)가 이루어졌다는 소식을 듣고서 의병을 해산하고 되돌아갔다.

前別提申澤

字子混，高靈人。副提學贈領議政號巖軒檣[1]六世孫，清白吏大司諫號歸來亭末舟[2]五世孫， 清白吏吏曺判書號伊溪公濟[3]曾孫。天性至孝，壬辰亂，以親[4]被害，終身若喪，拜官不就。丙子亂，以擧義都有司，領兵勤王，行到清州，聞講和罷歸。

---

1) 檣(장): 申檣(1382~1433). 본관은 高靈, 자는 濟夫, 호는 巖軒. 아들에 叔舟·末舟가 있다. 1402년 식년문과에 同進士로 급제하여 尙書錄事가 되었다. 다음 예조정랑 겸 춘추관기사관을 거쳐, 춘추관동지사로서 ≪정종실록≫의 편찬에 참여하였다. 뒤에 中軍都總府總制·世子右副賓客을 거쳐 공조 좌참판에 이르렀다. 그리고 오래 대제학을 맡아 당시 유학에 통달한 권위 있는 학자로 추앙을 받았다. 뒤에 영의정에 추증되었다.
2) 末舟(말주): 申末舟(1439~1503). 본관은 高靈, 자는 子楫, 호는 歸來亭. 1454년 생원시에 합격하고, 같은 해 식년문과에 정과로 급제하여 벼슬이 대사간에 이르렀다. 성격이 조용하고 담담하여 벼슬하기를 즐기지 않았다. 단종이 왕위에서 물러난 이후로 벼슬을 사임하고 물러나 순창에 살면서, 귀래정을 지어 산수를 즐겼다. 형 숙주가 강권하여 벼슬에 나오게 하려 하였으나 이루지 못하였다.
3) 公濟(공제): 申公濟(1469~1536). 본관은 高靈, 자는 希仁, 호는 伊溪. 1486년 진사가 되고 1495년 증광문과에 병과로 급제, 승문원부정자가 되고, 예문관검열·승문원주서를 거쳐 玉堂에 들어갔다. 1506년 사간원 헌납과 장령을 지냈고, 1516년 창원부사를 지냈으며, 1517년에 홍문관부제학·호조참판·이조판서 등을 역임하였는데, 특히 이조판서로 있을 때는 科擧試의 전형을 맡아 사사로움이 조금도 없는 공정한 관리를 하였으며, 1522년 正朝使가 되어 명나라에 다녀왔다. 1528년 左參贊, 이해 겨울에 호조판서 겸 戶曹判書兼世子左副賓客을 거쳐, 1536년 同知中樞府事를 지냈다. 그는 순창의 수석을 사랑하여 한 정자를 짓고 스스로 伊溪主人이라 하였는데, 호가 여기에서 비롯되었다.
4) 親(친): 父親. 申應河 일가의 죽음에 대한 것은 ≪於于野談≫의 <人倫篇·孝烈>에 실려 있기도 하다. 신응하의 자는 景文. 童蒙敎官을 지내고 임진왜란 때 아들 진사 術, 진사 湨, 생원 潔과 함께 적을 꾸짖다가 모두 살해당하니 후인들이 그 지명을 立義洞이라 하였다.

전 현감 박지효(前縣監 朴之孝)

자는 자경(子敬), 본관은 충주(忠州)이다. 증 좌찬성 박지흥(朴智興)의 현손이요, 생원 박정(朴禎)의 증손이며, 참봉 박호손(朴虎孫)의 손자이다. 고봉(高峯) 기대승(奇大升)의 문하에서 유학하였다. 타고난 성품은 바르고 곧았으며, 독실하게 행하고 힘써 배웠다. 임진왜란 때 제봉(霽峯) 고경명(高敬命)과 더불어 의병을 일으키기로 약속하였는데, 고경명은 박지효의 아버지가 늙으신 것이 애처로워 만류하였다.

당시 남평 현감(南平縣監) 한순(韓楯)이 군사를 거느리고 광산(光山)에 이르렀다가 왜적들에 의해 함락되자, 방백(方伯) 이시백(李時白)이 조정에 아뢰어 박지효로 하여금 임시 현감을 맡도록 하니, 그는 곧바로 부임하여 고립된 성을 죽기로써 지켰다. 난리가 끝난 뒤에 조정에서는 특별히 그 직에 유임시켰으며, 관직은 사복판사(司僕判事)에 이르렀다.

前縣監朴之孝

字子敬，忠州人。贈左贊成智興[1]玄孫，生員禎曾孫，參奉虎孫孫。遊高峯[2]奇先生門下。天資正直，篤行力學。壬辰亂，與高霽峯敬命，約擧義兵，高公憫其親老止之。時南平[3]倅韓楯[4]，領軍至光山，爲賊所陷，方伯李時白[5]，啓以公權知縣監，公直到任，所死守孤城。亂平，朝家特使因任[6]，官至司僕判事。

---

1) 智興(지흥): 朴智興(1411~?). 본관은 忠州, 호는 懷庵. 큰아들 朴禎이 두 동생을 가르쳤으나 요절하였고, 차남 눌재 朴祥은 청백리로 유명하였으며, 삼남 朴祐는 兵曹參議, 漢城府左尹을 지냈다. 박우의 아들인 손자 朴淳이 宣祖 때 영의정을 지냈다. 성균관 진사시에 합격하여, 世祖 때 학자로 명성을 떨쳤다. 같이 공부한 權擥이 여러 번 벼슬에 추천하였으나, 세조의 왕위 찬탈에 염증을 느껴 光州 처가로 내려가 은거하였다. 후에 손자 박순으로 인해 左贊成에 추증되었다.
2) 高峯(고봉): 奇大升(1527~1572)의 호. 본관은 幸州, 자는 明彦, 호는 存齋. 己卯名賢의 한 사람인 奇遵이 그의 季父이다. 李滉의 문인이다. 이황과의 서신 교환을 통하여 四七論辨을 전개하였다.
3) 南平(남평): 전남 나주 지역의 옛 지명.
4) 韓楯(한순, 1555~1592): 본관은 淸州, 자는 士閑. 黃廷吉의 문하에서 수학하다가 1583년 무과에 응시, 급제하였다. 그 뒤 선전관·평양판관 등을 거쳐 1590년 남평 현감에 임명되었다. 1592년 임진왜란이 일어나자 7월에 군사를 거느리고 금산으로 가서 전라도의병대장 高敬命 등과 적을 토벌하려 하였다. 그러나 금산에 이르기 전에 고경명의 의병군은 이미 패전하여 전세가 불리한 가운데 들어가 힘써 싸웠으나 전 군수 尹悅 등 500여명과 함께 전사하였다.
5) 李時白(이시백): '李洸(1541~1607)'의 오류인 듯. 임진왜란이 일어나자 전라도관찰사로 발탁되었으며, 관군을 이끌고 북상하여 왜적과 맞서 싸웠으나 용인싸움에서 참패하였다.
6) 因任(인임): 간섭하지 않고 일을 맡김.

충의위 이덕양(忠義衛 李德養)

자는 중윤(仲潤), 호는 매헌(梅軒), 본관은 전주(全州)이다. 효령대군(孝寧大君) 정효공(靖孝公) 이보(李補)의 8세손이요, 증 호조참판 전성군(全城君) 이대(李薱)의 현손이며, 전주부윤 이집(李楫)의 증손이다. 문장과 행실이 어려서부터 당대에 드러났다.

갑자년(1624)의 난 때, 온 도(道)의 동지들과 함께 의곡(義穀)을 거두어 군량미를 준비하였으나 얼마 지나지 않아 이괄(李适)이 주벌(誅罰)되니, 거두어들였던 의곡을 감영(監營)에 보내어 바쳤다. 정묘년의 봄에 이르러서는 학가(鶴駕: 왕세자의 수레)를 호종하여 공경히 전송하였고, 가을에는 사마시(司馬試)에 뽑혔다. 병자년(1636)의 호란 때에는 또 의병을 일으킨 도유사(都有司)로서 근왕병(勤王兵)을 이끌고 청주(淸州)에 도착하였다가, 강화(講和)가 이루어졌다는 소식을 듣고서 의병을 해산하고 되돌아갔다.

忠義衛李德養

字仲潤, 號梅軒, 全州人。孝寧大君[1]靖孝公補八世孫, 贈戶曺參判全城君[2]蘈玄孫, 全州府尹楫[3]曾孫。文章行誼, 早著一世。甲子亂, 與一道同志, 募穀以備兵餉, 未幾适誅, 呈納營門。至是年春, 扈鶴駕[4]祇送, 秋中司馬。丙子亂, 又以擧義都有司, 領兵勤王, 行到淸州, 聞講和罷歸。

---

1) 孝寧大君(효령대군, 1396~1486): 본관은 全州, 이름은 補, 초명은 祜, 자는 善叔, 시호는 靖孝. 太宗의 2남이다. 불교에 독실하여 수많은 儒臣들의 반대에도 불구하고 僧徒를 모아 불경을 강론하도록 했으며, 원각사를 창건하게 되자 조성도감 제조가 되어 役事를 친히 감독했다.
2) 全城君(전성군, 1488~1543): 본관은 全州, 자는 盛中. 효령대군의 고손자이다. 용강 현령, 평양진관 병마첨절제 도위 등을 역임하였으며, 사후 자헌대부 호조판서에 추증되고 다시 대광보국 숭록대부 의정부 영의정에 추증되었다.
3) 李楫(이집, 1503~1580): 본관은 全州, 자는 汝濟. 효령대군의 5대손이다. 全城君의 아들이다. 생원재랑·평시직장·의금부도사, 장연·연일·재령 군수를 역임하였다. 1560년 대사간에 오르고, 1563년 남양부사를 거쳐 1564년 장예원 판결사가 되고 1580년 돈녕부 都政에 이어 전주부윤 겸 전주진관병마절제사를 역임하였다.
4) 鶴駕(학가): 왕세자가 타던 수레.

충의위 이성춘(忠義衛 李成春)

자는 백영(伯榮), 본관은 성산(星山)이다. 태조조(太祖朝) 개국공신 홍안군(興安君) 경무공(景武公) 이제(李濟)의 7세손이요, 덕원부사(德源府使) 이곡(李鵠)의 증손이며, 진사 효우당(孝友堂) 이억인(李億仁)의 손자이다.

공은 나이 17세 때 정유재란을 당하여 피란하려고 바다로 들어가는 도중에 왜적을 만나 할머니 및 부친과 형제들이 모두 살해를 당하였다. 공은 칼날을 무릅쓰고 달려가서 구하다가 왜적들에게 결박되어 붙잡혀 가는 바람에 함께 죽지 못했다. 일본에 9년 동안 있으면서 매번 위협을 받았지만 끝내 불굴의 의지로 항상 도망갈 계책을 세웠다. 어느 날 나무하기 위하여 통선(桶船)을 타고 나왔다가 도망쳐 고향으로 돌아와서는, 뒤늦게 3년상을 치른 뒤에 장가를 들어 가정을 일구고 대대로 물려받은 가업을 다시 닦았다. 선배들이 쓴 만사(挽詞)에는 공의 시 '호랑이 굴에서 빠져나오던 날, 집안의 명성은 떨어뜨리지 않게 된 때로세.'라는 구절이 들어 있다.

공의 종질(從姪) 부사용(副司勇) 이수백(李守白)도 공이 의병을 일으키고 군사를 모집할 때에 개인적으로 비축해두었던 양곡을 꺼내 군량미에 보태도록 했다는 말은 군기유사(軍器有司) 류술(柳述)의 일기에 씌어 있다.

忠義衛李成春

字伯榮，星山人。太祖朝開國功臣興安君景武公濟[1]七世孫，德源府使鵠[2]曾孫，進士號孝友堂億仁[3]孫。公年十七，遭丁酉倭變，將避亂入海，中路遇賊，祖母及父親兄弟，皆被害。冒刃奔救，仍爲賊縛執而去，不得同殉。在倭九年，備見威脅，終不屈志，常謀逃還。一日，因樵行，乘桶船[4]出來，旣還故土，追喪三年，服闋[5]始娶，樹立家戶，重修世業焉。有先輩挽，公詩'虎穴抽身日，家聲不墜時.'等語。公從姪副司勇守白[6]，亦於公擧義募兵之日，出私儲補兵粮，語在軍器有司柳公述日記中。

---

1) 濟(제): 李濟. 李仁任의 아들이고, 태조 이성계의 사위이다. 蔭補로 벼슬길에 올라 1352년 左代言이 되고, 그 해 密直提學으로 燕邸隨從功臣 책록되었다. 이성계의 셋째딸 敬順公主와 결혼하였으며, 이것이 인연이 되어 혁명파에 가담했다. 1392년 典法判書로 정몽주를 죽이고 조선의 건국을 도와 개국공신으로 흥안군에 봉해졌으며, 義興親軍衛節制使가 되었다. 1398년 제1차 왕자의 난 때 정도전과 함께 이방원에게 살해되고, 경순공주는 비구니가 되었다.
2) 鵠(곡): 李鵠(1493~1535). 본관은 星山, 자는 翰卿. 德源都護府使를 지냈다.
3) 億仁(억인): 李億仁(1520~?). 본관은 星山, 자는 長元, 호는 孝友. 1546년에 진사가 되었다.
4) 桶船(통선): 뱃전이 없어서 말구유 같은 것.
5) 服闋(복결): 3년상을 마침.
6) 守白(수백): 李守白(1596~1642). 본관은 星山, 자는 汝精. 忠佐衛副司勇을 지냈다.

진사 류평(進士 柳玶)

자는 화보(和甫), 호는 송암(松菴), 본관은 서산(瑞山)이다. 이조판서 문정공(文靖公) 저정(樗亭) 류백유(柳伯濡)의 7세손이요, 종성부사(鍾城府使) 설강(雪江) 류사(柳泗)의 손자이며, 금호(錦湖) 임형수(林亨秀)의 외손이다. 일찍이 사계(沙溪) 김장생(金長生) 선생의 문하에서 유학하였는데, 문장과 절행(節行)이 있고. 부모를 섬김에 효성이 지극하니, 선생께서 거인장덕(鉅人長德: 덕이 높고 위대한 사람)이라 칭찬했다. 혼조(昏朝: 광해군)를 만나서는 과거 공부를 폐하였다가, 인정반정 뒤에는 비로소 사마시에 급제하였다.

갑자년(1624)의 난 때, 의모 도유사(義募都有司)로서 의병을 모집하고 군량을 거두었으나 얼마 지나지 않아 이괄(李适)이 주벌(誅罰)되니, 거두어들였던 의곡을 감영(監營)에 보내어 바쳤다. 정묘년(1627) 강화가 된 뒤에 공경히 학가(鶴駕: 왕세자의 수레)를 전송하고 돌아오는 길에 시를 읊었는데, "저 노중련(魯仲連)은 응당 바다로 돌아갔거니, 저 호전(胡銓)처럼 누구도 개진하는 이가 없단 말가." 하였다. 병자년(1636) 난리 때도 또 시를 읊었는데, "남한산성을 바라볼 때면 창자가 찢어지고, 임금님을 생각할 때면 눈물이 수건을 적시누나." 하였다. 그리고 의병을 일으킨 도유사(都有司)로서 조정의 명을 받아 둘째아들 류명익(柳明翊, 협주: 신묘년 사마시에 합격하고 관직은 侍直에 이르렀다.)을 거느리고 근왕병(勤王兵)을 이끌어 청주(淸州)에 도착하였다가, 강화(講和)가 이루어졌다는 소식을 듣고서 의병을 해산하고 되돌아갔다. 마침내 두문불출하여 세상과 인연을 끊었으니, 태릉(泰陵) 참봉에 제수되었으나 나아가지 않았다.

進士柳玶

字和甫, 號松菴, 瑞山人。吏曺判書文靖公號樗亭伯濡[1]七世孫, 鍾城府使號雪江泗[2]孫, 林錦湖[3]亭秀外孫。早遊沙溪金先生門, 有文章節行, 事親至孝, 先生推以鉅人長德。値昏朝, 廢擧業, 癸亥改玉[4], 始中司馬。甲子亂, 以義募[5]都有司, 募兵募穀, 未幾适誅, 納穀方伯。是年講和後, 祇送鶴駕, 歸路詠詩, 有曰: "魯連子[6]在應歸海, 胡澹菴[7]無孰

---

1) 伯濡(백유): 柳伯濡(생몰미상). 본관은 瑞山, 자는 淳夫, 호는 樗亭. 1369년 문과에 장원으로 급제하였다. 춘추관수찬으로서 朴實·金濤 등과 더불어 명나라 과거에 참여하였다. 우왕 때 判內府寺事가 되었다. 창왕 때 趙浚의 田制改革案이 주장되자 시중 李穡이 옛 법을 가벼이 고치는 것은 옳지 않다고 반대하는 데 찬성하여 결국 新舊의 대립을 일으켰다. 1391년 判典儀寺事로서 전제개혁을 비난하였기 때문에 光州로 유배되었다가 조선왕조 개창 후 1407년 左司諫大夫가 되었다. 시호는 文靖이다.

2) 泗(사): 柳泗(1502~1571). 본관은 瑞山, 자는 仲洛, 호는 雪江. 1528년 진사로서 별시문과에 급제하여 3司의 벼슬을 지냈고, 승지 때 권신을 배척하는 상소를 올렸다가 무고를 받고 퇴직했다. 李滉·李彦迪 등과 교유했으며, 당대의 대학자로서 숭앙되었다.

3) 錦湖(금호): 林亨秀(1514~1547)의 호. 본관은 瑞山, 자는 士遂. 1535년 別試文科에 급제, 說書·修撰 등을 거쳐 벼슬이 副提學에 이르렀으나 1545년 乙巳士禍 때 濟州牧使로 쫓겨났다가 파면되고, 1547년 양재역 벽서 사건 때 大尹 尹任의 일파로 몰려 絶島安置된 뒤 곧 賜藥이 내려 억울하게 죽었다. 성격이 호탕하고 학문과 문장에 뛰어났다.

4) 癸亥改玉(계해개옥): 1623년 인조반정을 일컬음.

5) 義募(의모): 재력 있는 자가 官에 보고한 후에 스스로 장사를 선발하는 자. 곧, 義人으로 '義募, 義餉, 義薦'이 있었던 것 같다.

6) 魯連子(노련자): 魯仲連. 전국시대 齊나라의 高士. ≪史記≫<魯仲連列傳>에서 노중련이 新垣衍에게 "秦나라가 천하의 제왕으로 군림하게 되면 나는 동해에 빠져 죽을지언정 그 백성이 되지 않겠다.(秦卽爲帝, 則

爲陳.” 丙子亂, 又詠詩曰: “望南漢日腸始裂, 拱北辰時[8]淚滿巾.” 乃以擧義都有司, 且被朝命, 率仲子明翊(辛卯[9]司爲, 官至侍直), 領兵勤王, 行到淸州, 聞講和罷歸。遂杜門謝世, 除泰陵[10]參奉不就。

魯連有蹈東海而死耳.)”고 하였다.

7) 胡澹菴(호담암): 南宋의 高宗 때 명신 胡銓. 담암은 그의 호이다. 일찍이 金나라와의 和議를 적극 반대하여, 당시 화의를 주장하던 秦檜·孫近·王倫 등의 목을 베라고 주청하였다.

8) 拱北辰時(공북진시): ≪論語≫<爲政篇>에 “政事를 德으로 하는 것은 비유하면 北極星이 자리를 잡고 있으면 여러 별들이 그에게로 향하는 것과 같다.(爲政以德, 譬如北辰居其所, 而衆星共之.)”고 한 데서 나온 말. 임금을 모시는 자리라는 뜻이다.

9) 辛卯(신묘): 1651년. 식년사마시에 3등으로 합격하였다.

10) 泰陵(태릉): 中宗의 繼妃 文定王后 坡平尹氏의 무덤.

진사 박충렴(進士 朴忠廉)

자는 효원(孝源), 호는 경암(鏡巖), 본관은 함양(咸陽)이다. 시강원 보덕(侍講院輔德) 박이관(朴以寬)의 현손이고, 충렬공 제봉(霽峯) 고경명(高敬命)의 외손이다. 효열공(孝烈公) 고종후(高從厚)의 문하에서 유학하였는데, 공이 크게 될 인물로 보아 그의 재주와 기량을 매우 소중히 여기더니, 경술년(1610) 사마시(司馬試)에 급제하였다.

갑자년(1624)의 난 때, 온 도(道)의 동지들과 함께 의곡(義穀)을 거두어 군량미를 준비하였으나 얼마 지나지 않아 이괄(李适)이 주벌(誅罰)되니, 거두어들였던 의곡을 감영(監營)에 보내어 바쳤다. 병자년(1636)의 호란 때에는 의병을 일으킨 도유사(都有司)로서 근왕병(勤王兵)을 이끌고 청주(淸州)에 도착하였다가, 강화(講和)가 이루어졌다는 소식을 듣고서 의병을 해산하고 되돌아갔다.

정축년(1637)에 효성이 지극한 것으로 천거되어 현릉(顯陵) 참봉에 제수되었으나 나아가지 않았다.

進士朴忠廉

字孝源, 號鏡巖, 咸陽人。侍講院輔德以寬[1]玄孫, 忠烈公霽峯高敬命外孫。遊孝烈公高從厚[2]門, 公甚器重[3], 庚戌[4]中司馬。甲子亂, 與一道同志, 募穀以備兵餉, 未幾适誅, 呈納營門。丙子亂, 以擧義都有司, 領兵勤王, 行到淸州, 聞講和罷歸。丁丑[5], 以孝薦, 授顯陵[6]參奉, 不赴。

---

1) 以寬(이관): 朴以寬(생몰미상). 본관은 咸陽, 자는 子容, 호는 葆翁. 진사 朴遂何의 장남이다. 일찍이 진사시에 합격하고 1492년 문과에 급제, 내직으로 사헌부장령·홍문관전한·世子侍講院輔德을, 외직으로 담양부사·홍주목사를 역임하였으나, 1519년 기묘사화로 많은 선비가 화를 입음을 보고 조정에서 물러나 동생 朴以洪과 더불어 명산을 순례하며 자연을 즐겼다.
2) 高從厚(고종후, 1554~1593): 본관은 長興, 자는 道冲, 호는 隼峰. 형조좌랑 高雲의 증손으로, 할아버지는 호조참의 高孟英, 아버지는 의병장 高敬命이다. 1570년 진사가 되고, 1577년 별시문과에 급제하여 縣令에 이르렀다. 1592년 임진왜란 때 아버지 고경명을 따라 의병을 일으키고, 錦山싸움에서 아버지와 동생 高因厚를 잃었다. 이듬해 다시 의병을 일으켜 스스로 復讐義兵將이라 칭하고 여러 곳에서 싸웠고, 위급해진 진주성에 들어가 성을 지켰으며 성이 왜병에게 함락될 때 金千鎰·崔慶會 등과 함께 南江에 몸을 던져 죽었다.
3) 器重(기중): 크게 될 인물로 보아 재주와 기량을 매우 소중히 여김.
4) 庚戌(경술): 광해군 2년인 1610년.
5) 丁丑(정축): 인조 15년인 1637년.
6) 顯陵(현릉): 조선 제5대 왕 文宗과 문종의 부인이자 단종의 어머니인 顯德王后의 무덤.

전 현감 기정헌(前縣監 奇廷獻)

자는 덕회(德晦), 본관은 행주(幸州)이다. 판중추부사(判中樞府事) 청백리(淸白吏) 정무공(貞武公) 현재(眩齋) 기건(奇虔)의 6세손이요, 대사간(大司諫) 증 이조판서 문헌공(文憲公) 고봉(高峯) 기대승(奇大升)의 손자이며, 군기시 첨정(軍器寺僉正) 함재(涵齋) 기효증(奇孝曾)의 아들이다.

前縣監奇廷獻

字德晦，幸州人。判中樞府事淸白吏貞武公號眩齋虔[1]六世孫，大司諫贈吏曺判書文憲公高峯先生大升[2]孫，軍器寺僉正號涵齋孝曾[3]子。

1) 虔(건): 奇虔(1390~1460). 본관은 幸州, 호는 眩庵·靑坡, 시호는 貞武. 奇勉의 아들이다. 1442년 持平이 되고 병조·형조·이조 참의를 거쳐, 1448년 전라도·평안도 관찰사, 1451년 개성부 유수, 1453년 대사헌이 되었으며, 1457년 謝恩副使로 명나라에 다녀와 판중추부사 등을 역임하였다. 세조가 왕위에 오르자 관직을 버리고 낙향하였다. 세조가 세 번이나 불렀지만 靑盲을 핑계로 나아가지 않았다.

2) 大升(대승): 奇大升(1527~1572). 본관은 幸州, 자는 明彦, 호는 高峯·存齋. 己卯名賢의 한 사람인 奇遵이 그의 季父이다. 李滉의 문인이다. 이황과의 서신 교환을 통하여 조선유학사에 지대한 영향을 미친 四七論辨을 전개하였다.

3) 孝曾(효증): 奇孝曾(1550~1616). 본관은 幸州, 자는 伯魯, 호는 涵齋. 蔭仕로 출사하여 玄風縣監을 지냈다. 임진왜란이 일어나자 金德齡이 담양에서 의병을 일으킬 때 都有司로 격문을 짓고 군사를 모집하였다. 그 결과 의병 1천인과 군량미 3천여 석을 확보하여 전라도 각지에서 왜군을 물리쳤다. 그 뒤 휘하 의병을 이끌고 바다를 건너 龍灣에 이르러 왕의 행재소에 나아가 시위하였는데, 왕의 총애를 크게 받아 형조정랑에 발탁되었고, 이어서 군기시첨정에 올랐다.

유학 고부립(幼學 高傅立)

자는 군회(君晦), 본관은 장흥(長興)이다. 충렬공(忠烈公) 제봉(霽峯) 고경명(高敬命)의 손자이고, 효열공(孝烈公) 준봉(隼峯) 고종후(高從厚)의 아들이다. 타고난 성품이 지극히 효성스러웠는데, 할아버지가 금산(錦山)에서 순국(殉國)하고 아버지가 진강(晉江)에서 전몰(戰歿)하자, 보통사람으로 자처하지 않고 항상 패랭이를 쓴 채 누추한 집에서 거처하였다. 문장에 능하였으나 종신토록 과거를 보지 않았다. 경기전 참봉(慶基殿參奉)에 제수되었으나 나아가지 않으니, 세상에서는 남쪽고을[南州]의 고사(高士)라고 일컬었다.

병자년(1636)의 호란 때에는 의병을 일으킨 도유사(都有司)로서 근왕병(勤王兵)을 이끌고 청주(淸州)에 도착하였다가, 강화(講和)가 이루어졌다는 소식을 듣고서 의병을 해산하고 되돌아갔다.

幼學高傳立

字君晦，長興人。忠烈公霽峯敬命孫，孝烈公隼峯從厚子。天性至孝，以祖殉錦山，父场晉江，不以平人自處，常著蔽陽子[1]，處中門陋屋。能文章，終身不赴擧。除慶基殿參奉，不就，世稱南州高士[2]。丙子亂，以擧義都有司，領兵勤王，行至淸州，聞講和罷歸。

---

1) 蔽陽子(폐양자): 패랭이. 댓개비로 엮어 만든 갓. 조선 시대에는 역졸, 보부상 같은 신분이 낮은 사람이나 喪制가 썼다.

2) 高士(고사): 인격이 높고 성품이 깨끗한 선비. 특히 산속에 숨어 살며 세속에 물들지 않은 덕망 있는 선비를 이른다.

유학 고부민(幼學 高傅敏)

자는 무숙(務叔), 호는 탄음(灘陰), 본관은 장흥(長興)이다. 기묘명현(己卯名賢) 형조좌랑(刑曹佐郎) 증 예조판서(禮曹判書) 고운(高雲)의 현손이요, 광주목사(廣州牧使) 고경조(高敬祖)의 손자이며, 임진선무원종공신(壬辰宣武原從功臣) 익산군수(益山郡守) 증 예조참의(禮曹參議) 죽촌(竹村) 고성후(高成厚)의 아들이다. 수은(睡隱) 강항(姜沆)의 문하에서 유학하였는데, 문장과 행실이 세상 사람들에 의해 추중을 받았다.

병자년(1636)의 호란 때에는 의병을 일으킨 도유사(都有司)로서 근왕병(勤王兵)을 이끌고 청주(淸州)에 도착하였다가, 강화(講和)가 이루어졌다는 소식을 듣고서 의병을 해산하고 되돌아갔다. 마침내 두문불출하며 자취를 감추고 고향에서 일생을 마쳤다.

幼學高傳敏

字務叔, 號灘陰, 長興人。己卯名賢刑曺佐郎贈禮曹判書雲玄孫, 廣州牧使敬祖[1]孫, 壬辰宣武原從功臣[2]益山郡守贈禮曺參議號竹村成厚[3]子。游姜睡隱[4]沆門, 文章行誼, 爲世所重。丙子亂, 以擧義都有司, 領兵勤王, 行至淸州, 聞講和罷歸。遂杜門屛跡, 考終于家。

---

1) 敬祖(경조): 高敬祖(1528~?). 본관은 長興, 자는 貽遠, 호는 龜巖. 할아버지는 형조좌랑 高雲이며, 아버지는 진사 高仲英이다. 사촌 동생이 高敬命이다. 1552년 진사가 되고, 1561년 식년문과에 을과로 급제하였다. 1574년 해미현감이 되었는데, 이때 뇌물을 받고 송사를 결정지었다고 사헌부로부터 탄핵받았다. 1593년 임천군수를 거쳐 광주목사를 역임하였다.

2) 宣武原從功臣(선무원종공신): 임진왜란 때 공을 세우거나 군수품 보급에 기여한 인물로서 1604년에 선무공신에 들지 못한 사람들을 대상으로 1605년 4월에 柳成龍등 6천여 명에게 녹훈한 것으로 3등급으로 나누어 공신도감에서 문서를 발급하였다.

3) 成厚(성후): 高成厚(고성후, 1549~?). 본관은 長興, 자는 汝寬, 호는 竹村. 목사 高敬祖의 아들이다. 1583년 별시문과에 병과로 급제, 여러 관직을 역임하였다. 1591년 감찰이 되었으며, 이듬해 임진왜란이 일어나자 군수로서 도원수 權慄의 막하에 들어가 1593년 행주대첩에서 공을 세웠으나 논공행상에 앞서 죽었다. 뒤에 예조참의에 추증되었다.

4) 睡隱(수은): 姜沆(1567~1618)의 호. 본관은 晉州, 자는 太初. 전남 靈光에서 태어났으며 姜希孟의 5대손이다. 1588년 진사가 되고 1593년 별시문과에 병과로 급제하였다. 교서관박사·전적을 거쳐 1596년 공조·형조좌랑을 지냈다. 1597년 정유재란 때는 分戶曹判書 李光庭의 종사관으로 南原에서 군량보급에 힘쓰다가, 남원이 함락된 뒤 고향 영광으로 돌아가 金尙寯과 함께 의병을 모집하여 싸웠다. 전세가 불리하자 통제사 이순신 휘하에 들어가려고, 南行 도중에 왜적의 포로가 되었다. 일본에 끌려가 오사카, 교토에 있으면서 敵情을 고국으로 밀송하였다.

유학 류술(幼學 柳述)

자는 효숙(孝叔), 호는 애죽헌(愛竹軒), 본관은 문화(文化)이다. 우의정 문성부원군(文城府院君) 충경공(忠景公) 류량(柳亮)의 9세손이요, 사헌부 감찰(司憲監察) 류여강(柳如岡)의 증손자이며, 예조좌랑(禮曹佐郞) 류사경(柳思敬)의 아들이다. 어려서는 가정의 가르침을 받았고, 장성해서는 외할아버지 회재(懷齋) 박광옥(朴光玉)의 문하에 나아갔는데, 행실이 세상에 드러났다.

幼學柳述

字孝叔, 文化人, 號愛竹軒。右議政文城府院君忠景公亮[1]九世孫, 司憲監察如岡[2]曾孫, 禮曺佐郎號六有堂思敬[3]子。早受家庭之訓, 晩就外祖朴懷齋[4]光玉門, 以行誼聞于世。

---

1) 亮(양): 柳亮(1354~1416). 본관은 文化, 자는 明仲, 시호는 忠景. 禑王 때 문과에 급제, 典儀副令을 지내고 1392년에는 이조전서로 조선이 개국되자 개국원종공신에 책록되고, 이듬해 중추원 부사가 되어 강릉도관찰출척사를 겸임하였다. 1401년 佐命功臣에 책록되어 자헌대부에 올라 文城君에 봉해지고 대제학·대사헌·찬성을 역임하였으며, 다시 부원군에 봉군되어 1415년 우의정에 올랐다.
2) 如岡(여강): 柳如岡(1516~1572). 본관은 文化, 자는 景壽. 진안현감을 지냈다.
3) 思敬(사경): 柳思敬(1556~1607). 본관은 文化, 자는 德新, 호는 六有. 監察 柳如岡의 손자다. 1605년 증광문과에 급제하여 禮曹佐郎을 지냈다. 임진왜란 때 진사로서 朴宗挺 등과 義州의 행재소에 상소하여 전라감사 李洸의 싸움을 꺼리는 죄를 논하고 別提가 되었었다.
4) 懷齋(회재): 朴光玉(1526~1593)의 호. 본관은 陰城, 자는 景瑗. 1546년 진사시에 합격했으나, 나주 船道面에 집을 지어 蓋山松堂이라 이름하고 문하생들과 함께 성리학을 연구하였다. 또, 향약을 실시하고, 奇大升·朴淳·李珥·盧思愼 등과 교유하였다. 1574년 별시 문과에 을과로 급제해 종부시주부가 되었으며, 운봉현감을 거쳐 1578년 전라도·충청도의 도사를 거쳐 1579년 예조정랑, 1580년 지평이 되었다. 그 뒤 성균관직강을 거쳐 영광군수·밀양부사가 되었다가 광주·전주의 교수와 사예·사섬시정·봉상시정 등에 재직하였다. 임진왜란이 일어났을 때, 신병으로 관직에서 물러나 있으면서 高敬命·金千鎰 등과 함께 의병을 일으켰고, 고향의 義兵都廳에서 군대의 장비와 양식을 조달하였다. 당시 전라감사 李洸의 무능을 탄핵했으며, 새로 감사에 부임한 權慄을 도와 많은 공을 세웠다. 의병 활동의 공로로 다시 관직에 올라 나주목사로 재임하다가 죽었다.

유학 기의헌(幼學 奇義獻)

자는 사직(士直), 호는 기은(棄隱), 본관은 행주(幸州)이다. 판중추부사(判中樞府事) 청백리 정무공(貞武公) 현재(眩齋) 기건(奇虔)의 6세손이요, 덕성군(德城君) 물재(勿齋) 기진(奇進)의 증손자이며, 증 공조참의(工曹參議) 기효분(奇孝芬)의 아들이다. 자신의 재주와 덕을 감추고 어리석은 듯이 살려는 뜻을 품고는 명예와 이익을 사절하였으며, 경학(經學)에 침잠하고 주역(周易)에 더욱 정통하였다. 평소에 자경(自警: 스스로 경계하여 조심함)을 좌우명으로 삼았다.

병자년(1636)의 호란 때에는 의병을 일으킨 도유사(都有司)로서 근왕병(勤王兵)을 이끌고 청주(淸州)에 도착하였다가, 강화(講和)가 이루어졌다는 소식을 듣고서 의병을 해산하고 되돌아갔다.

幼學奇義獻

字士直, 號棄隱, 幸州人。判中樞府事淸白吏貞武公號昡齋虔六世孫, 德城君號勿齋進[1]曾孫, 贈工曺參議孝芬[2]子。志存韜晦[3], 謝絶名利, 沈潛經學, 尤精於易。平居, 作座右銘以自警。丙子亂, 以擧義都有司, 領兵勤王, 行至淸州, 聞講和罷歸。

---

1) 進(진): 奇進(1487~1555). 본관은 幸州, 자는 子順, 호는 勿齊. 1522년에 진사가 되어 1527년에 慶基殿參奉을 제수하였으나 나아가지 않았다. 둘째아들 奇大升이 宗系辨誣 光國勳으로 인하여 崇政大夫 議政府 左贊成 겸 判義禁府事를 추증하고 德城君을 봉해졌다. 동생 奇遵과 같이 성리학을 연구하다가 동생이 1519년 기묘사화를 당하여 1521년에 화를 당하자 둘째 형 奇遠과 함께 호남의 광주에 세거하였다.

2) 孝芬(효분): 奇孝芬(1553~?). 본관은 幸州, 자는 伯馨. 승정원 좌승지 奇大臨의 아들이다. 어모장군 용양위 부사과에 이르렀고, 原從勳으로 통정대부 공조참의에 추증되었다.

3) 韜晦(도회): 세상에 재주나 덕을 감추고 어리석은 듯이 처세하는 것.

유학 고부필(幼學 高傅弼)

자는 군석(君錫), 본관은 장흥(長興)이다. 기묘명현(己卯名賢) 형조좌랑(刑曹佐郎) 증 예조참판(禮曹參判) 고운(高雲)의 현손이요, 광주목사(廣州牧使) 고경조(高敬祖)의 손자이며, 진사 고의후(高依厚)의 아들이다. 문장과 행실이 어려서부터 당대에 드러났다.

幼學高傳弼

字君錫, 長興人。己卯名賢刑曺佐郎贈禮曺參判雲玄孫, 廣州牧使敬祖孫, 進士依厚[1]子。文章行誼, 早著一世。

---

1) 依厚(의후): 高依厚(1569~?). 본관은 長興, 자는 汝植. 생원 高仲英의 손자이고, 幼學 高敬先의 아들이나 廣州牧使 高敬祖가 그의 생부이다. 1606년 식년사마시에 합격하였고, 문장과 행의가 높아 당대에 유명하였다. 1624년 李适의 난이 발발하자 擧義有司가 되어 의병과 군량을 모집하는데 적극적으로 참여하였다.

진사 박종(進士 朴琮)

자는 자미(子美), 본관은 죽산(竹山)이다. 이조판서 문정공(文正公) 박원정(朴元貞)의 6세손이요, 홍문관 수찬 박린(朴嶙)의 손자이며, 예빈시정(禮賓寺正) 박응현(朴應鉉)의 아들이다.

일찍이 사계(沙溪) 김장생(金長生) 선생의 문하에서 유학하였는데, 경학(經學)을 연구하고 절의(節義)를 숭상하였다. 을묘년(1615)에 사마시(司馬試)에 급제하였으나, 그 후에 과거 공부를 폐하고 자연에 은거하는 것을 스스로 편안히 여기면서 스스로 단구자(丹丘子)라 불렀다.

병자년(1636)의 호란 때에는 의병을 일으킨 도유사(都有司)로서 근왕병(勤王兵)을 이끌고 청주(淸州)에 도착하였다가, 강화(講和)가 이루어졌다는 소식을 듣고서 의병을 해산하고 되돌아갔다.

進士朴琮

字子美, 竹山人。吏曹判書文正公元貞[1]六世孫, 弘文修撰嶙[2]孫, 禮賓寺正應鉉[3]子。早遊沙溪金先生門, 研究經學, 雅尙節義。乙卯[4]中司馬, 其後廢科, 自靖[5]散居林泉, 自號丹丘子。丙子亂, 以擧義都有司, 領兵勤王, 行到淸州, 聞講和罷歸。

1) 元貞(원정): 朴元貞(1414~1465). 본관은 竹山, 자는 之成. 아버지는 朴翎이다. 1444년 식년시에 급제하여 벼슬이 工曹佐郎과 義盈庫使에 이르렀고, 吏曹判書에 증직되었다. 시호는 文靖이다.
2) 嶙(린): 朴嶙(생몰미상).
3) 應鉉(응현): 朴應鉉(생몰미상). 본관은 竹山, 자는 鼎叔. 禮賓寺正을 지냈다.
4) 乙卯(을묘): 광해군 7년인 1615년.
5) 自靖(자정): 스스로 해야 할 도리에 안정하는 것.

유학 윤경(幼學 尹熲)

자는 형중(瑩中), 호는 현주(玄洲), 본관은 함안(咸安)이다. 함안부원군(咸安府院君) 윤기견(尹起畎)의 5세손이요, 병조참판(兵曹參判) 윤구(尹遘)의 현손이며, 대사헌(大司憲) 인천군(仁川君) 양정공(襄靖公) 채수(蔡壽)의 외손이다. 어려서부터 덕망을 드러내 세상 사람들이 칭찬하였다.

幼學尹頍

字瑩中, 號玄州, 咸安人。咸安府院君起畎[1]五世孫, 兵曺參判遘[2]玄孫, 大司憲仁川君襄靖公蔡壽[3]外孫。早著德望, 爲世所推。

---

1) 起畎(기견): 尹起畎(생몰미상). 본관은 咸安, 별명은 起畝. 아버지는 尹應이며, 성종의 폐비인 윤씨의 아버지이다. 1439년 생원으로 친시문과에 병과로 급제하여, 1452년 집현전부교리로서 춘추관기주관을 겸직하면서 ≪세종실록≫의 편찬에 참여하였으며, 같은 해에 완성된 ≪고려사절요≫의 편찬에도 金宗瑞의 지휘를 받아 참여하였다. 이어 지평을 역임하면서 단종대에 언론활동을 하였으며, 관직은 判奉常寺事에 이르렀다. 죽은 뒤인 1473년 딸이 淑儀로 봉하여지고 뒤의 연산군을 낳았으므로 연산군 때 府院君에 추봉되고 영의정을 추증받았으나, 1506년 중종반정으로 삭직되었다.

2) 遘(구): 尹遘(생몰미상). 성종의 장인이자 연산군의 외할아버지인 尹起畎의 아들. 병조참판을 역임하였다.

3) 蔡壽(채수, 1449~1515): 본관은 仁川, 자는 耆之, 호는 懶齋, 시호는 襄靖. 1469년 秋場文科의 初試·覆試·殿試에 장원함으로써 李石亨과 함께 조선 개국 이래 三場에서 연이어 장원한 두 사람 중의 한 사람이다. 副修撰으로 ≪세조실록≫≪예종실록≫ 편찬에 참여하였다. 1478년 應敎가 되어 도승지 任士洪의 비행을 탄핵하여 좌천시켰다. 1479년 연산군의 생모 윤씨를 폐위하는 데 반대하였다가 파직되었고, 1485년 서용되어 漢城府左尹·호조참판을 지냈다. 1506년 중종반정에 가담하여 奮義靖國功臣에 녹훈되고 仁川君에 봉해졌으며, 이후 咸昌에 은거하여 독서와 풍류로 여생을 보냈다.

유학 방명달(幼學 房明達)

자는 달부(達夫), 본관은 남양(南陽)이다. 직제학(直提學) 방사량(房士良)의 8세손이요, 정산 현감(定山縣監) 방구성(房九成)의 7세손이며, 선무원종공신(宣武原從功臣) 강령 현감(康翎縣監) 방복령(房復齡)의 아들이다. 곤궁하게 여항(閭巷)에 살면서도 어려서부터 품행과 도의로 드러났다.

幼學房明達

字達夫, 南陽人。直提學士良[1]八世孫, 定山縣監九成[2]七世孫, 宣武原從功臣康翎縣監復齡[3]子。窮居閭巷, 早著行誼。

1) 士良(사량): 房士良(생몰미상). 1391년 3월에 兼典醫寺丞으로서 時務 11조를 올렸다. 1399년에 간행한 ≪鄕藥濟生集成方≫과 ≪新撰集成馬醫方牛醫方≫의 편집에 참여하였다. 鄭夢周의 스승으로, 홍건적을 물리치고도 억울하게 죽임을 당한 명신 金得培의 명예회복을 건의하여 上洛君의 君號가 내려지게 하였다.
2) 九成(구성): 房九成(생몰미상). 본관은 南陽, 자는 聖好. 定山 현감을 지냈다.
3) 復齡(복령): 房復齡(1557~1623). 본관은 南陽, 자는 興中, 호는 九一. 1593년 무과에 급제하여, 선전관·訓練院習讀을 거치고 康翎 현감을 지냈다. 임진왜란 때 의병활동을 하였다.

유학 이도(幼學 李濤)

자는 의실(懿實), 본관은 적성(磧城)이다. 만경 현령(萬頃縣令) 이자양(李自楊)의 6세손이요, 예조판서(禮曹判書) 이사동(李士侗)의 5세손이며, 생원(生員) 이선감(李善感)의 증손이다. 초명은 욱(稶)이고, 호는 방재(方齋)이다. 일찌감치 과거 공부를 폐하고 오로지 경학(經學)에만 마음을 기울였다.

혼조(昏朝) 광해군 때 천거되어 잇달아 군자감 참봉(軍資監參奉), 해주 판관(海州判官), 사헌부 장령(司憲府掌令)에 제수되었지만 모두 나아가지 않았다. 천계(天啓) 신유년(1621)에 이름을 고쳐 '도(濤)'라 하였다. 마침내 무등산(無等山)에 있는 선영(先塋) 아래로 들어가 토굴을 짓고 살았는데, 세상 사람들이 토굴처사(土窟處士)라고 불렀다.

온 정성을 다하여 부모님을 봉양하였는데, 갑자년(1624) 이괄의 난 때 사림들이 의병을 일으킨다는 소식을 듣고는 부모님께 연로하신 까닭에 직접 참여할 수가 없자 특별히 가동(家僮)에게 의곡(義穀)을 싣도록 하여 북쪽을 향해 네 번 절하고 보냈다.

병자년 강화가 이루어진 뒤에는 종신토록 청나라의 책력[大淸曆]을 보지 않았고, 항상 아주 오래된 관[太古冠]을 썼으며, 임종할 때에는 "벼슬을 쓰지 말고 신주(神主)에 처사(處士)라고 쓰라."고 유언하였다.

幼學李瀵

字懿實, 碃城人。萬頃縣令自楊[1]六世孫, 禮曺判書士侗[2]五世孫, 生員善感曾孫。初名稶, 號方齋。早廢科業, 專心經學。昏朝以薦, 連除軍資監參奉·海州判官·司憲府掌令, 皆不就。天啓辛酉[3], 改名瀵。遂入無等山先壟下, 築土窟處之, 世稱土窟處士。盡誠養親, 甲子[4]适變, 聞士林擧義, 而以親老, 不能躬赴, 特命家僮, 運輸義穀, 北向四拜送之。丙子講和後, 終世不見大淸曆, 常着太古冠, 臨終遺言: "勿書職秩[5], 題主[6]以處士."

1) 自楊(자양): 李自楊(생몰미상).
2) 士侗(사동): 李士侗. 본관은 積城, 호는 陽谷. 1414년에 문과에 급제하여 中樞院事를 거쳐 兩館提學을 역임했다.
3) 天啓辛酉(천계신유): 광해군 13년인 1621년.
4) 甲子(갑자): 인조 2년인 1624년.
5) 職秩(직질): 벼슬의 등급.
6) 題主(제주): 神主에 글자를 씀.

유학 이정태(幼學 李鼎泰)

자는 공보(公寶), 호는 야은(野隱), 본관은 영천(永川)이다. 직제학(直提學) 이안직(李安直)의 8세손이며, 부제학(副提學) 이종검(李宗儉)의 7세손이다. 기암(畸菴) 정홍명(鄭弘溟) 선생의 문하에 유학하였는데, 선생이 크게 될 인물로 보아 그의 재주와 기량을 매우 소중히 여기면서 형의 딸을 아내로 삼게 하였다.

정묘년의 봄에는 학가(鶴駕: 왕세자의 수레)를 호종하여 공손히 전송하였고, 가을에는 사마 양시(司馬兩試)에 급제하여 별제(別提)에 제수되었다. 관직에 있을 때 어버이의 병환이 어찌할 겨를이 없이 매우 위급하다는 소식을 듣고 급히 돌아오는 도중에, 어버이가 임종하여 상(喪)을 치르게 되었다. 그 이후로는 벼슬살이에 아무런 뜻이 없어져 자연에 유유자적하였다.

병자년(1636)의 호란 때에는 의병을 일으킨 도유사(都有司)로서 근왕병(勤王兵)을 이끌고 청주(淸州)에 도착하였다가, 강화(講和)가 이루어졌다는 소식을 듣고서 의병을 해산하고 되돌아갔다.

幼學李鼎泰

字公寶, 號野隱, 永州人。直提學安直[1]八世孫, 副提學宗儉[2]七世孫。遊鄭畸菴[3]弘溟門, 甚器重[4], 妻以兄子。至是年春, 扈鶴駕祗送, 秋中司馬兩試, 官別提。在官時, 聞親病蒼黃, 還歸中途奔喪[5]。自是, 無

---

1) 安直(안직): 李安直. 1399년 식년시문과에 급제하고 1406년 중시에 급제하여 지제교를 거쳐 사헌부 장령을 지냈고 집현전 직제학에 이르렀다. 증 병조판서에 올랐다.
2) 宗儉(종검): 李宗儉. 호는 雙溪. 1429년 문과에 급제하여 한림, 직제학, 우승지, 대사간을 지냈다. 벼슬에서 물러난 후 부모님을 모심에 효성이 지극하고, 아우 李宗謙과 우애가 독실하여 집닭이 鶴을 낳는 상서로운 이변을 가져 오는 일이 있었고, 문종이 이를 듣고 孝友當이란 시호를 내렸다고 한다.
3) 畸菴(기암): 鄭弘溟(1582~1650)의 호. 본관은 延日, 자는 子容, 호는 三癡. 아버지는 우의정 鄭澈이며, 어머니는 文化柳氏로 柳强項의 딸이다. 정철의 4남이자 막내아들이다. 宋翼弼·金長生의 문인이다. 1616년 문과에 급제, 승문원에 보임되었으나 반대당들의 질시로 고향으로 돌아가 독서와 후진 양성에 힘썼다. 1623년 예문관검열을 거쳐, 홍문관의 정자·수찬이 되었다. 이때 李适의 난이 일어나자, 임금을 모시고 공주까지 몽진 갔다 돌아와 사간원의 정언·헌납과 교리, 이조정랑을 거쳐 의정부의 사인으로 휴가를 받아 湖堂에 머물면서 독서로 소일하였다. 1627년에 사헌부집의 · 병조참지·부제학·대사성을 역임하고, 자청해서 김제군수로 나가 선정을 베풀었다. 仁烈王后 상을 마친 뒤 예조참의·대사간에 임명되었으나 모두 사양하고 고향으로 돌아갔다. 1636년 병자호란이 일어나자 召募使로 활약하였다. 적이 물러간 뒤 고향으로 돌아가 벼슬을 사양하다가 다시 함양군수를 지내고, 1646년 대제학이 되었으나 곧 병이 들어 귀향하였다. 1649년 인조가 죽자 억지로 불려 나왔다가 돌아갈 때 다시 대사헌·대제학에 임명되었으나 모두 나아가지 않았다.
4) 器重(기중): 크게 될 인물로 보아 재주와 기량을 매우 소중히 여김.
5) 奔喪(분상): 타향에 있다가 부모의 임종을 듣고 급히 돌아와 居喪하는 것.

意仕宦，逍遙林泉。丙子亂，以擧義都有司，領兵勤，王行到淸州，聞講和罷歸。

유학 이용빈(幼學 李用賓)

자는 임관(任觀), 본관은 흥양(興陽)이다. 흥양군 이길(李吉)의 후손이다. 효성이 지극하였고, 뛰어난 역량이 있는데다 문장까지 겸하였으며, 천성이 강개한데다 의기까지 넘쳐났다. 종숙(從叔) 숙천공(肅川公) 이인경(李寅卿)은 절개를 지켜 의리에 죽는 기상을 지녔다고 인정하였다. 공의 종형(從兄) 이정빈(李廷賓)은 문장과 재략(才略)이 평소 당대에 드러났는데, 의병을 일으켰을 때를 당하여 문서유사(文書有司)가 되었으나, 마침 병이 심하여 공에게 말하기를, "나랏일이 위태롭고 위급하니, 이때는 바로 신민(臣民)들이 몸을 잊고서 나라를 위해 죽어야 할 때이다. 그러나 나는 병으로 인하여 이처럼 부름에 응하지 못하고 있는데, 네가 비록 아직 관례(冠禮)를 올리지는 않았으나 족히 행할 만하니 나를 대신하여 가거라." 하였다. 공은 마침내 팔을 걷어붙이고 용감하게 갔다.

幼學李用賓

字任觀, 興陽人。興陽君吉[1]後孫。誠孝篤至, 有勇力兼文章, 性慷慨多義氣。從叔肅川公寅卿[2], 許以仗節死義。公之從兄廷賓[3], 文章才略, 素著一世, 當擧義時, 委以文書有司, 而適得篤疾, 語公曰: "國事危急, 此政臣民忘身殉國之秋。而吾病如此, 未由赴召, 汝雖未冠, 足可有爲, 汝其替往." 公遂奮臂勇往。

---

1) 吉(길): 李吉. 고려조에 급제하여, 判典理司를 역임하고, 흥양군에 봉해졌다.
2) 寅卿(인경): 李寅卿(1567~1634). 본관은 興陽, 자는 汝賓, 호는 萬松堂. 潭陽 출생. 김덕령의 매부이다. 임진왜란이 일어나자 김덕령 등과 함께 담양에서 의병을 모집, 군사 5천여 명을 거느리고 왜군과 싸우고, 난이 끝난 후 武科에 급제, 安岳·肅川 등의 군수를 지냈다. 1606년 咸北虞候, 이듬해 慶源府使를 지내고, 1618년 黃延道助防將을 거쳐 咸鏡南道助防將 등을 역임했다. 1623년 延安府使가 되고 다음해 李适의 난 때 반란군의 남진을 막기 위해 방어사 李重老·李聖符·李榔 등과 馬灘에 집결했다가 반란군의 기습으로 대패, 杖刑을 받았다. 1627년 정묘호란 때 방어사로 鐵嶺을 지키며 많은 적군을 죽였다.
3) 廷賓(정빈): 李廷賓(생몰미상).

숭정 후 세 번째 신사년(1761) 10월에 출간하다.

崇禎紀元後三辛巳,[1] 孟冬[2]刊出。

1) 崇禎紀元後三辛巳(숭정기원후삼신사): 영조 37년인 1761년.

2) 孟冬(맹동): 음력 10월을 달리 이르는 말.

부록

양호거의록 서(兩湖擧義錄序)

아아, 이 거의록은 우리 사계(沙溪) 김장생(金長生) 선생이 호소사(號召使)였을 때의 사적(事蹟)이다. 선생은 도가 순일(純一)하고 덕이 갖추어져 우뚝 당대 유림(儒林)의 큰 학자가 되어 계상(溪上: 사계가 강학하던 곳)에서 도를 강학하니, 사방의 사람들은 받들어 공경하지 않음이 없었고 양호(兩湖: 호서와 호남)의 선비들은 더욱 기꺼이 따랐다.

지난 천계(天啓) 정묘년(1627)에 건주(建州)의 오랑캐가 쳐들어와서 대가(大駕)가 피란하였다. 선생은 양호의 호소사로 삼은 명을 받고 즉시 근경(近境)에 나아가 격문(檄文)을 돌려 군사를 모집하고 군량을 거두었다. 그리고 친구들과 문인들 중에서 기개와 지략을 평소 가슴 속에 품은 자들로써 여러 직임에 나누어 임명하고 그들과 함께 일을 같이 하였다. 비록 스스로 여든의 나이로 책임과 병법을 감당하기 어렵다고 핑계할 수 있었을지나, 대소의 많은 사람들은 모두 선생의 계책을 우러렀다. 이에, 의분을 떨쳐 적개심을 지닌 선비들이 바람처럼 빨리 번개처럼 달려서 모집에 응하는 것이 끊임없이 이어져 장차 의병을 정돈하여 근왕(勤王)하러 가려했으나, 끝내 화친이 이루어져 군대를 해산하고 되돌아갔다. 만일 전쟁터에 달려가 적과 싸우게 했다면 제공(諸公)들은 선생을 따라서 피눈물을 쏟으며 창을 휘둘렀을 것인데, 승리했으면 반드시 공훈을 세웠을 것이고, 패했더라도 반드시 목숨을 버렸을 것이다.

그런데 의거(義擧)가 결말이 있지 않았던 까닭에 그 사적(事蹟)도 아울러 감추어져 드러나지 않는 데서 면하지 못하고 있었다. 100여 년이 지난 지금에 이르러서도 전하여 기록하는 바가 없으면, 후세의 식자들이 그 누구라도 개탄하지 않으랴. 지난 경진년(1760)에 ≪광산거의록(光

山擧義錄)≫이 처음으로 출간되었으나, 그것을 본 사람들이 제공들의 아름다운 자취가 몹시 간략함을 너무나 애통하게 여겼고, 또한 단지 한 고을만 거론하고 양호를 두루 포함하지 못함을 한스럽게 여겼다. 이제 호남의 유생들은 이에 증보하여 출간하고 제명을 ≪양호거의록(兩湖擧義錄)≫이라 하기로 하면서 나에게 서문을 부탁하였다.

삼가 생각건대, 김 선생이 임금의 명을 받들어 의거를 주장하고 모든 처리를 합당하게 하여 기율(紀律)이 바르고 엄숙한 것은 참으로 매우 성대하였다. 그리고 제공들이 각기 맡아서 주관해야 할 업무를 부여받고 충렬(忠烈)을 다투어 떨친 것은 실로 평소 기개와 절조가 매우 빼어나고 의리가 본디 확고히 정해진 뒤에서 나온 것임을, 이 거의록에 실린 것을 보면서 명백하게 상세히 알 수 있을 것이다. 이 거의록을 이루는 것은 또한 좋은 일이 아니랴.

아, 의병을 일으킴은 종전에 대부분 양호에서 있었으니, 이는 당시 격문에서 '충렬의 고장이요, 인재의 보고(寶庫)이다.'고 일컬은 것이다. 무릇 충의로써 서로 격려하며 초야에서 떨치고 일어나 기꺼이 싸움터에 나아가려 했던 것이 비록 드높고 큰 공적을 혹 당대에 이루지 못했을지라도, 의로운 소리가 미친 곳에는 족히 백대토록 격려할 만했다. 제공들의 사적이 어찌 아주 없어질 수 있었으랴. 뒷날 병자호란을 겪을 때 제공들 가운데 세상에 살아 있던 자들은 국난에 나아가기도 하고 의병을 일으키기도 하면서 순절(殉節)하거나 척화(斥和)하여 또한 역사에 빛을 드리웠기 때문이다. 이것은 한갓 사직(社稷)을 안정시킨 충성일 뿐이라고만 할 수 없으니, 또 어찌 장하지 않겠는가.

아아, 지금은 정묘년과 병자년으로부터 세대가 점점 멀어졌으니, 세상이 능히 다시 명나라의 천계(天啓: 명나라 희종의 연호, 1621~1627)와 숭정(崇禎: 명나라 의종의 연호, 1628~1644)을 아는 것도 어려울 것이다.

이 거의록을 보는 자가 성하게 충의의 마음이 생기고, 혹시 다시 저 주나라를 그렸던 풍천(風川)의 마음을 생각하여, 존왕양이(尊王攘夷: 명나라를 높이고 청나라를 물리침)의 의리를 지닌다면, 제공들의 당시 거조(擧措)에 거의 부끄럽지 않을 것이다. 나는 이 거의록에 대해 감화된 바가 깊어서 마침내 책을 어루만지며 탄식하고 이와 같이 쓴다.

숭정 후 세 번째 무오년(1798) 5월, 덕은 송환기 삼가 서문을 쓰다.

兩湖擧義錄 序

嗚呼! 此擧義錄, 卽我沙溪金先生號召使時事蹟也。先生道純德備, 蔚然爲一世儒宗, 講道溪上[1], 四方之人, 莫不尊慕, 而兩湖之士, 益致悅服[2]。粤在天啓丁卯, 當建虜入寇, 大駕播遷。先生受兩湖號召使之命, 卽出近境, 發檄文募兵糧。而以知舊門人之志氣才猷素有蘊抱[3]者, 分差諸任, 與之同事。雖自諉以八十耋, 難任韜鈐[4], 而大小羣情, 擧仰籌策。於是奮義敵愾之士, 風馳雷奔, 應募相續, 行將整旅而勤王, 遂以媾成而罷歸。苟使赴陣對敵, 則諸公之隨先生而沫血[5]奮戈[6]者, 成必樹勳, 敗必立慬[7]。而乃以義擧之未有究竟[8], 並其事蹟而不免沈晦。迄玆百餘載, 亦無所傳錄, 後來識者, 孰不慨惜? 曩歲庚辰[9], 光山擧義錄始出, 而見者甚病其諸公徽蹟太草畧[10], 亦恨其只擧一州, 而不及兩湖。今湖南諸儒, 爰謀增輯而剞劂, 名以兩湖擧義錄。而問序於余。竊惟金

---

1) 溪上(계상): 沙溪 金長生이 강학하던 곳을 이르는 말. <사계연보>에 의하면, 그의 나이 55세 때인 1602년에 이곳에 집을 지었다고 한다.
2) 悅服(열복): 기꺼이 따름.
3) 蘊抱(온포): 기개와 재주 따위를 가슴 속에 품은 것.
4) 韜鈐(도검): 고대의 兵書인 ≪六韜≫와 ≪玉鈐篇≫의 병칭하는 말. 여기서는 병법이라는 의미이다.
5) 沫血(말혈): '피로 얼굴을 씻고 눈물을 삼키며 맨 주목을 불끈 쥔다.(沫血飮泣, 更張空拳.)'에서 나온 말. 비장한 각오로 戰意를 다지는 것을 비유한 말이다.
6) 戈(과): 끝이 뾰족하고 한쪽 옆에만 날이 있는 창.
7) 立慬(입근): 절개를 위해 생명을 버림.
8) 究竟(구경): 마지막에 이르는 것.
9) 庚辰(경진): 영조 36년인 1760년.
10) 草畧(초략): 몹시 거칠고 간략함.

先生之奉承聖諭, 主張義擧, 措置得宜, 紀律整肅者, 固甚盛矣。而諸公之各受任掌, 爭奮忠烈者, 實出於平時氣節甚偉, 義理素定之餘, 見此所載而班班[11]可詳矣。是錄之成, 不亦善乎? 噫! 義旅之興, 從前多在兩湖, 蓋是當時檄文所謂忠烈之鄕, 人才之府耳。凡其以忠義相感激, 而奮起草野, 樂赴矢石者, 雖或功烈[12]不得遂于一時, 而義聲所及, 有足以激勵百世矣。諸公之事, 其可泯沒哉? 後丁丙子之亂, 諸公之在世者, 或赴難或倡義, 有殉節焉, 有斥和焉, 亦得以垂耀竹帛[13]矣。是不徒爲衛社之忠而已, 又豈不偉歟? 嗟乎! 今去丁卯丙子世級寖遠, 世之能復知有皇明之天啓[14]崇禎[15]者亦難矣。覽是錄者, 油然[16]生忠義之心, 而倘復發風泉之思[17], 秉尊攘之義焉, 則庶無愧於諸公當日之擧也。余於斯錄, 所感者深, 遂撫卷興歎而書之如此云。

崇禎後三戊午仲夏[18], 德殷宋煥箕[19]謹序。

---

11) 班班(반반): 사물이 뒤섞여 있으면서도 그 상태가 적절하고 균형 잡힌 모양.
12) 功烈(공렬): 드높고 큰 공적.
13) 竹帛(죽백): 대나무와 비단이라는 뜻으로, 옛날에는 모든 기록을 대나무 쪽이나 비단폭에 적었으므로 곧 역사를 의미함.
14) 天啓(천계): 중국 명나라 熹宗의 연호(1621~1627).
15) 崇禎(숭정): 중국 명나라 毅宗의 연호(1628~1644).
16) 油然(유연): 생각 따위가 저절로 일어나는 형세가 왕성함.
17) 風泉之思(풍천지사): 周나라 왕실이 쇠미해짐을 탄식한 ≪시경≫<檜風·匪風>과 <曹風·下泉>의 시를 슬픈 마음으로 생각한다는 뜻. 곧 명나라를 그리는 마음을 일컫는다.
18) 仲夏(중하): 여름이 한창인 때라는 뜻으로, 음력 5월을 달리 이르는 말.
19) 宋煥箕(송환기, 1728~1807): 본관은 恩津, 자는 子東, 호는 心齋·性潭. 宋時烈의 5대손이며, 宋寅相의 아들이다. 외조부는 안동권씨 權塾이고, 처부는 창녕성씨 成道凝이다. 1762년 생원시에 합격하였다. 1799년 司䆃寺主簿가 되고, 사헌부지평·사헌부장령·軍資監正을 거쳐 진산군수가 되었으나 병을 핑계로 사직하였다. 1807년 형조참의·예조참판에 올랐다.

발(跋)

이 거의록에는 이미 성담(性潭: 성환기의 호)의 서문(序文)이 있는데, 내가 또 어찌 군더더기 말을 하랴. 그러나 못난 내가 우리 선조의 후손으로서 다행히 편찬하는 일에 참예하였으니, 또한 어찌 감히 한마디를 쓰지 않겠는가.

아, 이 거의록의 완성은 단지 양호(兩湖)지역 제공(諸公)들의 후손에게만 경사가 아닐 것이다. 대개 후세에 보는 사람들로 하여금 모두 충의(忠義)의 마음을 느끼게 하고 신하의 도리를 힘쓰게 하면, 세상을 살아가는 데 지켜야 할 도리에 보탬이 되는 것이 어떠하겠는가. 그래서 부사(副使) 이하 여러 유사(有司)들에 이르기까지 한결같이 선조의 연보(年譜)와 의병장의 보첩(報牒: 공문) 가운데 기재된 바에 따라서 차례로 기록하였고, 그 밖에 징험할 만한 문적(文蹟: 문서와 장부)이 없는 자는 감히 그 후손들이 전해들은 것에만 근거하여 경솔하게 추가해 덧붙이지 않았다. 근엄한 사체(事體)를 보존하는데 이와 같이 하지 않는다면, 어찌 전하는 것이 오래되고 멀어져서 증거가 없기 때문에 믿지 못하겠다는 탄식이 없겠는가?

어떤 사람은 이러한 뜻에 어두워서 망령되게 사사로운 마음을 가지고 마침내 '호남의 아무개 아무개 선조도 호소사 시절에 의병을 일으킨 적이 있다.'라고 했다. 그러나 사실에 근거한 공론을 살피지 않고 전에 없던 명목을 만들고는, 거짓으로 속여 어지럽게 할 계획을 이루어서 이 거의록이 출간도 되기 전에 슬며시 스스로가 발간하고 세상에 널리 알리려고 했으나, 안목이 밝은 자가 보니 진실로 당연히 남김없이 탄로가 났다. 이 한 가지 일로도 선비들의 습속을 가히 알만 하니, 이

어찌 세도(世道)의 걱정스러움이 아니랴.

비록 그렇지만, 선조가 격문을 돌렸던 호소사 시절에는 양호 지역의 많은 선비들이 그림자가 따르고 메아리가 응하듯이 하여 의리를 지키고 충성을 떨쳤으니, 전략을 세우거나 의병과 군량을 모집하고 거두어서 나라의 존망을 다투는 위급한 때에 임금에게 충성을 다했던 것은 비단 이 거의록의 제공들에만 그치지 않았을 것이다. 차후에 혹시라도 뚜렷하게 상고할 만한 행적을 찾아낸다면 마땅히 김수우(金守愚)의 사례에 따라 이 거의록의 뒤에 붙일 것이니, 제공들의 후손되는 자들도 마땅히 이 뜻을 알아야 할 것이다.

무오년(1798) 7월 8일 천계정묘양호호소사 사계 김 선생의 7대손

김희(金憙) 삼가 발문을 짓다.

跋

此錄既有性潭[1)]弁卷之文[2)], 余又何說之贅焉? 然余之無似[3)], 以吾先祖之孫, 幸得與聞於編摩之役, 亦何敢無一言以識之乎? 噫! 此錄之成, 不但爲兩湖諸公後孫之幸也。盖將使後之覽者, 咸有以感發忠義之心, 勉勵臣子之道, 則其爲有補於世道, 當如何哉? 是以, 副使以下, 至諸有司, 一依先祖年譜·義將報牒中所載, 以次列錄, 而此外, 無文蹟可驗者, 不敢只憑其雲仍所傳聞, 率爾[4)]追附。以存謹嚴之體, 不如是, 則其何以傳之久遠, 無無徵不信之歎[5)]乎? 或者昧於此義, 妄容私意, 乃以爲湖南某某之祖先, 亦嘗擧義於號召時云爾。而不顧據實之公議, 刱立無前之名目, 欲售其假托疑亂之計, 潛自刊布於此錄未出之前, 具眼者[6)]見之,

---

1) 性潭(성담): 宋煥箕(1728~1807)의 호. 본관은 恩津, 자는 子東, 호는 心齋. 宋時烈의 5대손이며, 宋寅相의 아들이다. 외조부는 안동권씨 權塾이고, 처부는 창녕성씨 成道凝이다. 1762년 생원시에 합격하였다. 1799년 司築寺主簿가 되고, 사헌부지평·사헌부장령·軍資監正을 거쳐 진산군수가 되었으나 병을 핑계로 사직하였다. 1807년 형조참의·예조참판에 올랐다.
2) 弁卷之文(변권지문): 序文.
3) 無似(무사): 어진 사람을 닮지 못함이라는 뜻으로, 주로 편지에서 글쓴이가 아버지나 할아버지에게 자기를 못난 사람이라고 낮추어 이르는 일인칭 대명사.
4) 率爾(솔이): 경솔한 모양.
5) 無徵不信之歎(무징불신지탄): ≪中庸≫ 제29장의 "상언자는 비록 선하나 징험할 바가 없고 징험할 바가 없기 때문에 서로 믿지 않고 믿지 않기 때문에 백성이 따르지 않으며, 하언자는 비록 선하나 지위가 높지 못하고 높지 못하기 때문에 믿지 않으며 믿지 않기 때문에 백성이 따르지 않는다.(上焉者, 雖善無徵, 無徵不信, 不信民弗從, 下焉者, 雖善不尊, 不尊不信, 不信民弗從.)"에서 나온 말.

固當破綻無餘。而卽此一事, 士習可知, 此豈非世道之憂乎? 雖然, 當先祖馳檄號召之時, 兩湖多士之影從響應, 仗義奮忠, 或運籌策, 或募兵粮, 期與勤王於危急存亡之際者, 恐不但止於錄中諸公。此後, 如或得其斑斑可攷之蹟, 則當依金守愚例, 附諸此錄之下, 凡爲諸公之孫者, 亦宜知此意也。

戊午秋七月庚午[7], 天啓丁卯兩湖號召使 沙溪金先生 七代孫 憙[8]謹跋

6) 具眼者(구안자): 안목이 밝은 자.

7) 庚午(경오): 1798년 7월 8일의 일진.

8) 憙(희): 金憙(1729~1800). 본관은 光山, 자는 善之, 호는 芹窩. 賜號는 述尤坪. 1762년 생원시에 장원으로 합격하여 경릉참봉, 북부봉사를 지냈다. 1773년 증광시 문과에 급제하여 승문원 가주서를 거쳐 권지부정자에 선보되었다. 그 후 설서 겸 춘추관 기사관, 전라좌도 경시관을 이어서 수원부사, 대사간 대사성을 역임하고 강원도관찰사가 되고 왕명으로 朱子全書를 點批해 올렸으며 병조, 호조, 이조, 공조, 예조의 참판을 거쳤다. 광주목사 때 충장공 김덕령의 유사를 지었고, 형조, 예조의 판서와 경기도관찰사를 거쳐 서흥부사와 규장각 직제학, 함경도관찰사가 되었고, 의정부 우의정에 올랐다가 만년에 연산 향리로 퇴거하였다. 시호는 孝簡公이다.

≪광산거의록≫의 특징과 의의

1.

임진왜란으로 인하여 풍전등화와 같은 위기를 맞은 조선에 구원병을 보낸 명나라는 국력을 소모하게 되었고, 전쟁터였던 조선은 피폐해졌다. 이 틈바구니에서 1616년 누루하치가 여러 부족을 통합하여 후금을 세웠다. 후금은 강성해지면서 1618년 명나라의 무순(撫順)을 공격하자, 명나라는 후금의 본거지를 공격하기 위하여 조선에 원병을 요구하였다. 강홍립을 도원수로 삼아 1만여 구원병을 보냈으면서도, 광해군이 중립외교 차원에서 밀지를 내려 강홍립은 후금에 투항하고 만다. 광해군이 임진왜란 때 위기에서 구해준 명나라의 재조지은(再造之恩)을 저버리고 오랑캐에게 성의를 베푼 것을 반정명분으로 삼아, 인조(仁祖)가 1623년 임금의 자리에 올랐다. 따라서 인조의 정권은 주자학적 명분론과 의리론에 입각한 화이론(華夷論)이 태생적 조건이 되고 말았다. 곧, 중원의 새로운 세력으로 떠오르고 있는 후금에 대하여 적절히 대처할 수 없는 족쇄가 되었던 것이다.

한편, 인조반정의 공적 평가에 대한 불만을 품은 이괄(李适)이 한명련(韓明璉)과 함께 1624년 반란을 일으켰다가 실패하자, 한명련의 아들 한윤(韓潤)이 후금으로 도망가서 광해군 폐위와 인조 즉위의 부당성을 이야기하며, 조선의 병력이 오합지졸이니 조선을 칠 것을 종용한다. 게다가 1625년 누루하치가 요서지역을 확보하기 위해 영원성을 공격하다가 부상을 입고 결국 사망하여, 대조선 강경론자인 태종이 집권하게 되었다. 또한 이때 후금에 닥친 대기근으로 식량 확보가 초미의 관심사로 떠올랐다.

그래서 후금은 명나라를 치기 위해 중국 본토로 진입하려면 배후를 위협하는 조선을 정복하여 후환을 없앨 필요가 생기자, 1627년 1월 3만의 정예병을 이끌고 소위 정묘호란(丁卯胡亂)을 일으켜 압록강을 넘어서 순식간에 평안도의 정주, 곽산, 안주, 평양을 함락시키고, 급기야 황해도의 황주, 평산까지 무너뜨려 한양을 위협하였다.

이에 조선은 장만을 4도체찰사, 이원익을 하삼도 및 경기체찰사, 김류를 부체찰사, 심기원을 도순검사, 이정구를 병조판서, 김자점을 구관강도사, 김상용을 유도대장에 각각 임명하는 전시 진용을 갖추었다. 국토를 방어하기 위한 전체적인 전략은 경기도 병력은 남한산성에 주둔하여 거점으로 활용하고, 삼남지역의 병력을 총동원하여 한강을 차단하여 지키게 함으로써 후금군의 남하를 저지하고, 서북지역의 군사들은 적의 후방을 노리는 전략이었다. 그리고 얼마 뒤 인조는 강화도로, 소현세자는 분조하여 전주로 향하면서 결전 태세를 갖추었다.

이 전략에 따라 하삼도 지역은 난국을 극복하고 국가를 회복하는 근본적인 지역으로 중시되어 의병과 의곡을 확보해야 했다. 인조는 사계(沙溪) 김장생(金長生, 1548~1631)을 양호호소사에 임명하여 호서와 호남 두 지역을 담당케 하였으며, 여헌(旅軒) 장현광(張顯光, 1554~1637)과 우복(愚伏) 정경세(鄭經世, 1563~1633)를 영남호소사에 임명하여 경상도를 두 사람에게 맡겼다. 이들로 하여금 해당 지역의 의병을 조직하여 통솔하고 군량·군기 등을 수집하는 책임자로 삼았다.

2.

충청도 연산(連山)에 있다가 양호호소사로 임명받은 김장생(金長生)은 막부(幕府)를 설치하고 양호지역에 격문을 보내면서 각 면마다 유사(有司) 2명을 정하여 한 사람은 모군(募軍)을 담당하고, 또 한 사람은 모속(募粟)을 담당케 하였다. 차차 인원을 늘려 20여 명을 각각 부사(副使),

종사관(從事官), 참모(參謀), 의병장(義兵將), 각종 유사 등을 임명하여 막부의 진용을 갖추었다. 그 막부 편성은 다음과 같았다.

직임	성명	거주지	직임	성명	거주지
호소사	김장생	연산	양향유사	박충렴	광주
부사	송흥주	전주		기의헌	광주
종사관	윤 전	이성		고부립	광주
참모	송이창	회덕	군기유사	고부민	광주
	송국택	회덕		류 술	광주
	유 집	김제		고부필	광주
의병장	안방준	보성	문서유사	윤 경	광주
	고순후	광주		박 종	광주
소모유사	기정헌	광주		이 도	광주
모병유사	박지효	광주		이정태	광주
	정민구	광주	유사	구 형	고산
	신 필	광주		김해수	보령
	이덕양	광주		이부길	연산
	이성춘	광주		김준업	전주
	방명달	광주		이용번	광주
양향유사	류 평	광주			

출처: 우인수의 「정묘호란시 삼남지역 호소사의 활동과 그 의미」

3.

정묘호란 당시 양호지역의 의병활동에 대한 최초의 기록물은 이번에 발굴한 ≪광산거의록≫이다. 이 거의록은 1760년에 김시찬(金時粲)에 의해 서문이 지어지고 1761년 겨울에 출간되었다. 서문은 목판본이고 본문은 목활자본이다. 1책으로 엮었는데, 서문은 5행 9자로 13면이고, 본문은 10행 20자로 31면이다. 현재 조선대학교 도서관에 소장되어 있다. 그 체제는 다음과 같다.

광산거의록 서: 김시찬

범례: 6항목

광산거의록

강로입구시 기사(姜虜入寇時記事)

천계정묘 광산거의 사적(天啓丁卯光山擧義事蹟)

교문(敎文)

호소사 김장생 장계

호소사 격문

의병장 차첩(差帖)

의병장 보장(報狀)

호소사 관문(關文)

검찰사(檢察使) 관문

의병장 보장

거의제공(擧義諸公) 사실(事實)

전 감찰	고순후	전 현감	정민구
전 별제	신 필	전 현감	박지효
충의위	이덕양	충의위	이성춘
진사	류 평	진사	박충렴
전 현감	기정헌	유학	고부립
유학	고부민	유학	류 술
유학	기의헌	유학	고부필
진사	박 종	유학	윤 경
유학	방명달	유학	이 도
유학	이정태	유학	이용빈

서문을 쓴 김시찬(1700~1767)은 정묘호란 당시 유도대장이었던 김상용(金尙容, 1561~1637)의 고손자이다. 그는 1759년 부제학을 사양하는 글을 올렸을 때 불경스러운 내용이 있다 하여 흑산도로 유배되었다가 1764년에 풀려났는데, 광산거의록의 서문은 바로 이 시기에 지어진 것으로 보인다. 호남은 이전부터 의병들이 많았고 특히 광산은 더욱 두드러졌다면서, 후세에 충의지심을 고취하기 위하여 의병을 일으켰던 자들의 후손들이 가지고 있는 자료를 모아 편찬했다고 그 편찬 동기를 기술하였다.

범례에 따르면, 첫째는 호소사의 격문에 따라 의청(義廳)을 설치하여 의병을 일으킨 제공(諸公)들이 모두 광산 출신이었고, 군사를 모집하고 군량을 거두었으며, 또한 동궁(소현세자)을 전주에서 호종하였기 때문에 '광산거의록'이라 이른다고 하여, 제명을 짓게 된 내력을 밝히고 있다. 둘째는 강홍립이 반역을 저지른 전말을 대략 책머리에 붙여서 참고하도록 한다고 하여, 정묘호란이 일어나게 된 까닭과 경과를 간략히 밝히고 있다. 셋째는 거의록에 수록해야 할 문적(文蹟)들이 일실되어 많지 않음을 언급하면서 소략함에 대한 양해를 구하고 있다. 넷째와 다섯째는 의병을 일으킨 제공들의 사실(事實)을 기록함에 있어서 열전(列傳)의 전례에 따라 수록하되, 세덕(世德)과 관작(官爵) 그리고 행실 등을 간략히 기록할 뿐 정묘호란 때의 사적은 따로 기록하지 않는다고 하여, 사적의 서술범위를 밝히고 있다. 여섯째는 나이는 고려하지 않고 정묘호란 때의 분담한 유사(有司)의 차례에 따라 기록한다고 하여, 수록의 순서에 대한 원칙을 밝히고 있다.

이러한 규례(規例)에 따라 앞서 언급한 광산거의록의 체제를 이루었던 것이다. 광산거의록을 보면, 1627년 1월 19일 김장생이 양호호소사로 임명되었고, 김장생은 곧바로 격문을 돌리면서 광산의 의병장으로 고순후를 임명하였음을 알 수 있다. 그런데 <호소사 격문>에 따르면, 소모유사로 류평, 고부민, 류술, 박충렴, 기정헌, 윤경, 박지효, 신필, 정민구 등이었다. 반면 <의병장 보장>에 따르면, 모병유사로는 정민구, 신필, 박지효, 이덕양, 이성춘 등으로, 군량유사로는 류평, 박충렴, 기의헌, 고부립 등으로, 군기유사로는 고부민, 류술, 고부필 등으로, 문서유사로는 박종, 윤경, 방명달, 이도, 이정태, 이용빈 등으로 임명한 것 같다. 앞서 살펴본 막부편제의 표와도 약간 상위점이 있는 바, 방명달과 이용빈의 직함이다. 이는 다른 자료들을 참고하여 바로잡아야 할 것이다.

끝으로 제공들의 사실은 정묘호란 때의 사적은 언급하지 않은 채 범례에서 제시한 대로 간략하게 서술되고 있는데, 그렇지만 병자호란 때의 사적만은 20명 가운데 11명에 걸쳐 언급되고 있다.

≪천계정묘양호거의록(天啓丁卯兩湖擧義錄: 약칭 양호거의록)≫은 1798년 5월 송환기(宋煥箕)에 의해 서문이 씌어지고, 같은 해 7월 8일 김희(金憙, 1729~1800)에 의해 발문이 씌어져 출간되었다. 송환기는 송시열의 5대손이고, 김희는 김장생의 7대손이다. 이 거의록은 2권 1책의 고활자본(古活字本)인데, 운각인 서체자(芸閣印書體字) 10행 20자로 68면이다. 현재 계명대학교, 고려대학교, 국립중앙도서관, 서울대학교 규장각, 연세대학교, 이화여자대학교, 충남대학교, 한국학중앙연구원 장서각 등에 소장되어 있다. 아마도 가장 널리 알려진 판본인 것으로 보이는데, 주목되는 것은 판심제(版心題)가 '정묘거의록'으로 되어 있다는 점이다. 그 체제는 다음과 같다.

양호거의록 서: 송환기
광산거의록 서: 김시찬

범례: 6항목
천계정묘양호거의록 권1
강로입구시기사(姜虜入寇時記事)
양호거의 사적(事蹟)
    교문(敎文)
    호소사 김장생 장계
    호소사 격문
    의병장 차첩(差帖)*
    의병장 보장(報狀)
    호소사 관문(關文)
    검찰사(檢察使) 관문*
    의병장 보장
천계정묘양호거의록 권2
호소사 사계 김선생 사실(事實)
    호소사
거의제공(擧義諸公) 사실
    부 사: 송홍주(보성) 종사관: 윤전(尼城)
    참모관: 송이창(회덕)·송국택(회덕)·유집(김제)
    의병장: 안방준(보성), 고순후(광주)
    유 사: 기정헌(광주), 박지효(광주), 정민구(광주), 신필(광주)
    류평(광주), 박충렴(광주), 구형(고산), 고부민(광주)
    류술(광주), 윤경(광주), 김해수(보령), 이부길(연산)
    김준업(전주)*, 이덕양(광주), 이성춘(광주), 기의헌(광주)
    고부립(광주), 고부필(광주), 박종(광주), 방명달(광주)
    이도(광주), 이정태(광주), 이용빈(광주)*, 김성하(전주)

범례의 첫째에서 "경진년(1760)에 간행된 거의록은 이름을 '광산거의록'이라 하였는데, 그것은 단지 광산 제공들만 기록하였을 따름이라서 지금 양호 제공들을 합하여 기록하였기 때문에 '양호거의록'이라 이름하였다.(庚辰所刊擧義錄, 名以光山擧義錄者, 以其只錄光山諸公也, 今則合錄兩湖諸公, 故以兩湖擧義錄名之.)"고 밝히고 있듯이, ≪양호거의록≫은 ≪광산거의록≫에서 비롯되었음을 알려준다. 이는 송환기의 서문 다음에 김시찬이 지은 <광산거의록 서>이란 제명을 수정하지 않고 그대로 수록한 데서도 확인할 수 있다. 따라서 그 체제가 큰 틀에서 두 거의록은 대동소이하다.

그러나 ≪양호거의록≫은 ≪광산거의록≫의 체제를 그대로 가져오면서도, 정묘호란 당시의 막부편제를 가미하여 양호거의록만의 체제를 만들고 2권 1책으로 성책했다는 점이 다르다. 다시 말해, 권1은 '강로입구시기사(姜虜入寇時記事)'를 포함하여 ≪광산거의록≫의 해당부분과 자구 하나 다르지 않는 똑같은 내용으로 수록순서까지 동일하나, 권2에서는 '호소사 사계김선생 사실' 항목을 별단(別段)으로 만들고, 막부편제의 '호소사' 직함을 가져와서 행적을 기록한 것이 다른 점이다. 이는 범례의 다섯째에서 '호소사의 사실은 제공들의 사실을 기록한 것의 앞에다 특별히 실었다.(號召使事實, 特揭于諸公事實列錄之上.)'고 밝힌 것이다. 호소사 김장생을 받들어 높이기 위함이기도 하겠지만, 김장생의 7대손 김희가 편찬하는 일에 간여했던 결과가 아닌가 한다. 또한 '거의제공 사실'에서도 부사(副使), 종사관, 참모관, 의병장, 유사라는 막부편제를 따름으로써 광산거의록에 수록된 인물들을 포괄하면서도 제명이 내포한 지역[兩湖]의 인물들을 포함할 수 있었던 것이 다르다. 결국 앞서 밑줄친 12명의 인물을 더 수록할 수 있었다.

그 거의제공들의 수록 서차(序次)가 ≪광산거의록≫과 다른데, ≪광산거의록≫은 정묘호란 때의 분담한 유사(有司)의 차례에 따라 기록한 반면, ≪양호거의록≫은 범례의 여섯째 "제공들의 서차는 한결같이 사계 연보와 의병장 보첩에 따라 기록하였다.(諸公序次, 一依沙溪年譜義兵將報牒而錄之.)"에서 밝혔듯 사계 연보의 의병장의 보첩에 따른 것에 기인한다. 그런데 양호거의록의 이러한 서차는, 양호거의록의 체제가 막부편제에 따라 갖춘 것임을 고려한다면, 일관되지 못함을 지적할 수 있을 것이다. 물론 자료적 출처의 신빙성을 고려한 것이겠지만, 그래도 여전히 그러한 비판으로부터 자유로울 수는 없을 것 같다.

한편, ≪양호거의록≫만의 특징도 있다. 권1의 '의병장 차첩'과 '검찰사 관문'에서 사용한 협주(* 표시한 곳)를 그 특징으로 지적할 수 있다. 고순후의 의병장 차첩에서 사용한 "안공의 차첩은 잃고 전해지지 않는다.(安公帖文逸而不傳)"라는 협주는 안방준에 대한 의병장 임명장이 산실되었음을 밝히고 있으며, 검찰사 관문에서 사용한 "검찰사의 성명은 전해지지 않는다.(檢察使姓名未傳)"라는 협주는 검찰사의 성명을 확인할 수 없다는 정보를 제공하고 있다.

또한 '거의제공사실'의 의병장 가운데 김준업의 사실을 기록한 말미에 사용한 "이상 20인은 사계 연보에 수록되어 있다."는 협주, 그리고 이용빈의 사실을 기록한 말미에 사용한 "이상 10인은 전편 의병장 보첩에 수록되어 있다."는 협주는 바로 범례의 넷째를 확인하는 것이다. 곧, "양호 제공들은 사계 연보와 의병장의 보첩 가운데 기재된 바에 따라 기록하였다.(兩湖諸公謹依沙溪年譜義兵將報牒中所載入錄.)"이다. 이처럼 협주의 기능을 다양하게 사용하고 있는 점이다.

또 하나의 특징은 문적의 신빙성을 꽤 엄격한 잣대를 적용하여 인물들의 사적을 기록하였다는 점이다. 이는 범례의 넷째에서 "그 밖에 징험할 만한 문적이 없는 자는 감히 추가해 덧붙이지 않아서 신중한 사체를 보존하였는데, 김수우(金守愚)의 사실은 우암이 지은 묘갈명에 보였기 때문에 특별히 추가해 덧붙였다.(此外無可徵文蹟者, 不敢追附, 以存愼重之體, 而守愚金公事實, 見於尤庵所撰墓碣, 故特爲附錄.)"고 밝히고 있는 데서 확인할 수가 있고, 실제로 거의제공사실의 말미에 김수우(김성하)를 수록하고 있다. 가급적이면 ≪광산거의록≫에서 기술되지 않았던 정묘호란과 병자호란 시의 사적을 부연하여 기록하는 추세에서, 이성춘에 대해서는 ≪광산거의록≫의 기록 일부 중 확인할 수 없는 것을 삭제해 버린 것으로 보인다. 이를 통해 인물의 사실을 기록할 때 근거하는 문적에 대해 꽤 엄격한 잣대를 적용하였음을 알 수 있다.

그리고 거주했던 지역을 일일이 밝히고 있는 점은 또 하나의 특징이다. 아마도 이는 ≪양호거의록≫이 양호지역 전체를 아우르고 있다는 것을 널리 알리려는 의도였던 것으로 파악된다.

≪정묘거의록(丁卯擧義錄)≫은 1798년 5월 송환기(宋煥箕)에 의해 서문이 씌어져 출간되었다. 3권 1책의 금속활자본(金屬活字本)인데, 정리자(整理字) 10행 20자로 136면이다. 현재 국립중앙도서관, 성균관대학교, 일본동양문고, 전북대학교 등에 소장되어 있다. 주목되는 것은 발문은 없으나, 수정 도유사(修正都有司) 유흥리(柳興履), 별유사(別有司) 김광우(金光遇)·황일한(黃一漢)·이준석(李濬錫), 개간(開刊) 별유사 김광직(金光直)·김성은(金性溵) 등의 개간 담당자가 밝혀져 있다는 점이다.

우선 범례를 통해 ≪정묘거의록≫의 특징을 살피기로 한다. 첫째, 먼저 사략을 서술하고 다음으로 교문과 공문은 기록하고, 그 다음으로 호소사 이하 막부소모인원의 성명과 사실을 기록하되 모양을 달리하였다.(先敘事略, 次錄敎文若公文, 次錄號召使以下, 幕府召募人員, 姓名事實, 以別體段.)

이에 따른 체제를 살펴보면 서문, 범례, 막부사략, 양호호소사 막부와 관련된 문서, 거의제공들의 사실 등으로 되어 있는데, 큰 틀에서는 앞서 살핀 두 이본과 대동소이하나 미세한 부분에서 ≪광산거의록≫보다는 ≪양호거의록≫과 친연성이 더 있다. 그 일례로 서문은 송환기와 김시찬이 각각 쓴 것을 그대로 수록하였다는 점에서 ≪양호거의록≫의 체제를 본받은 것이기 때문이다.

그렇지만 ≪양호거의록≫은 ≪광산거의록≫에서 비롯되었음을 범례에서 밝히고 김시찬의 '광산거의록 서'를 그대로 수록한 반면, ≪정묘거의록≫은 범례에서든 그 어디서든 출처를 밝히지 않은 가운데 '정묘거의록 서'라고 제명을 고쳐 수록하고 있다. 조금도 수정되지 않은 내용을 그대로 수록하며 제명을 고쳤다는 점에서 문제적이다. 송환기의 서문만은 전혀 자구의 출입도 없고 제명을 고치지도 않은 채 그대로 수록하고 있는데, 이와 대조적이다.

또 ≪광산거의록≫의 <강로입구시 기사(姜虜入寇時記事)>가 ≪양호거의록≫에는 수정되지 않은 채 그대로 실렸으나, ≪정묘거의록≫에는 양호호소사 막부와 관련된 내용을 덧붙이고 <천계정묘 강로입구시 호소막부 사략(天啓丁卯姜虜入寇時號召幕府事略)>으로 제명을 고쳐 수록하고 있다. 이 글에서 '동궁이 남쪽으로 피란하였다'까지는 바로 <강로입구시 기사>의 전문과 글자 하나 다르지 않다.

반면, ≪광산거의록≫과 ≪양호거의록≫에서는 있던 내용 가운데 일부를 ≪정묘거의록≫에서 뺀 경우가 있다. <호소사 격문>에서의 소모유사 명단, <호소사 관문>에서의 지역 이름, <의병장 차첩>에서의 의병장 이름을 빼버린 것이 그것이다. 소모유사와 지역에 대한 이름을 뺀 것은 활동지역을 보다 광범위하게 잡으려는 편찬의도에 부합하지 않았기 때문에 그랬던 것으로 짐작된다.

그리고 의병장의 임명장인 <의병장 차첩>에서 그 대상자였던 '고순후'의 이름을 빼버림으로써 임명장의 일반적인 형식의 본보기로 만들었다. 이것은 ≪양호거의록≫에서처럼 <의병장 차첩> 밑에 '안방준의 임명장은 잃어버려 전해지지 않는다.'는 옹색한 협주를 달지 않아도 되게 하였던 것 같다. 이는 의병장의 행적을 기술하는 중에 ≪양호거의록≫에 비해 안방준의 행적은 확대하였지만 고순후의 행적에 대해서는 축소시켰다는 점에서 시사하는 바가 있기 때문이다. 그에 따라 ≪광산거의록≫과 ≪양호거의록≫에는 보이지 않았던 '의병장 고순후 보장' 형태의 문건명이 등장한다. 내용은 똑같은데도 문건명에 구태여 '고순후'라는 이름을 넣어야 했다. 뿐만 아니라 그와 같은 형식적 본보기를 만듦으로써, <소모유사 차첩>을 새로 만들 수 있게 되지 않았을까 조심스럽게 추론해본다. 이 소모유사의 차첩은 ≪광산거의록≫과 ≪양호거의록≫에는 보이지 않았던 전혀 새로운 것인데다, 의병장 차첩과는 너무나 유사하기 때문이다.

또 주목 사항은 ≪양호거의록≫에서 <검찰사 관문> 밑에 단 '검찰사의 성명은 전해지지 않는다'는 협주에 대해 ≪정묘거의록≫에서는 검찰사를 '이원익'이라고 분명하게 밝혀 놓았다는 점이다.

둘째, 문건이 산실되어 전해지지 않음이 매우 많아서 다만 참으로 근거할 만한 것을 따라 편차를 하였다.(文字之逸而不傳甚多, 只從眞的可據者, 編次如左.) 셋째, 이름을 올리는 규례는 막부에 소속한 순서나 전해오는 문적의 차례를 따랐지만, 나이와 덕망의 높고 낮음에 따라 순서로 삼지 않았다.(錄名之規, 或從幕府入屬之先後, 或依傳來文蹟之次第, 不以年德之尊卑爲序.) 넷째, 비록 당시에 공적이 있는 특출한 자라도 호소사와 관련되지 않았으면 감히 병서하지 않았다.(雖有當時功烈之卓異者, 非關於號召使, 則不敢幷書.) 다섯째, 각 인원의 세계와 덕행은 삼가 ≪사기≫ 열전(列傳)의 규례를 본받아 요점만 간추려 기록하였다.(各人員世系德行, 謹倣史氏列傳之規, 撮要入錄.) 여섯째, 막부 이하의 인원들은 연보나 비장, 읍지나 관문을 참고하였고, 사적이 아주 명백한 자를 제외하고는 한결같이 삭제하여서 근엄한 사체를 보존하였다.(幕府以下諸員, 或參年譜碑狀, 或考邑誌官文, 事蹟之十分明白者外, 一幷刪改以存謹嚴之體.)

이 둘째에서 여섯째까지의 범례를 요약하면, 호소사와 관련된 인물들의 행적을 ≪사기≫ 열전(列傳)의 규례에 따라 요점만 간추려 기술할 때 신빙성 있는 자료에 근거하고, 막부에 소속한 순서나 전해오는 문적의 차례를 따랐다는 것이다. 신빙성 있는 자료의 범주가 연보(年譜)나 비장(碑狀), 읍지(邑誌)나 관문(關文) 등으로, ≪광산거의록≫이나 ≪양호거의록≫에 비해 꽤 넓은 편이라 하겠다.

그리하여 <호소사 종사관 김광석 효유문(號召使從事官金光奭曉諭文)>, <수찬 이상형 통유본도문(修撰李尙馨通諭本道文)>, <의곡장 김덕우 보장(義穀將金德宇報狀)>, <고창 소모유사 류철견 보장(高敞召募有司柳鐵堅報狀)>, <흥덕현 관문서(興德縣官文書)> 등 새로운 자료가 발굴되었다. 의곡장이라는 직함도 새롭게 등장하고 있다.

아마도 ≪양호거의록≫이 나온 이후 여기에 누락된 주로 호남지역을 중심으로 한 의병장들을 추가하려는 의도였던 것 같은데, 호소사 김장생의 막부 일원 명단만을 먼저 양호지역 각 군현별로 제시하는 중에 많은 새로운 인물이 역시 나온다. ≪정묘거의록≫은 이 명단을 일괄적으로 먼저 제시한 후에 구체적인 행적을 나중에 다시 서술하는 방식을 택하고 있다.

호소사: 김장생

부　사: 송흥주

종　사: 윤전

참　모: 송이창, 송국택, 류집

의병장: 안방준, 고순후

의곡장: 김덕우, 김준업

소모유사

광 주: 기정헌, 정민구, 신필, 박지효, 이덕양, 이성춘, 류평, 박충렴, 기의헌, 고부립, 고부민, 류술, 고부필, 박종, 윤경, 방명달, 이도, 이정태, 이용빈

무 장: 오익창, 강시언

고 창: 류철견, 김여성, 안진, 서일남

흥 덕: 이기문, 이원남, 황이후, 송정렴, 송정속, 정호례

태 인: 김관

전 주: 양몽열, 김성하

남 원: 방원진

나 주: 나해봉, 양만용

김 제: 류태형, 조필달, 류도, 고봉익

영 광: 신유일, 신응순, 김여경, 정익, 강환, 정제원, 김진, 이홍기

고 산: 구형

장 성: 김숙명

부 안: 김해, 김이겸

남 평: 최신헌

보 령: 김해수

연 산: 이부길

발격제원: 이상형, 오섬, 김여각, 신응망

위의 표에서 보듯, 1798년 같은 해 7월 이후에 출간된 ≪양호거의록≫에 비하여 12개 지역에 걸쳐 39명이 더 새롭게 등재되었다. ≪정묘거의록≫은 지역명을 앞세우고 인물들을 배치했기 때문에 ≪양호거의록≫

처럼 각 인물의 행적 끝에 거주 지명을 밝히지 않을 수 있었다. 물론 호소사 막부에 참여하고도 누락된 인물이 있을 수 있었겠지만, 같은 해에 출간된 문건상의 차이가 극심한 것에 대한 규명은 반드시 있어야 할 것으로 생각된다.

4.

≪광산거의록≫의 발굴로 인하여 정묘호란 당시 양호지역의 의병활동에 대한 기록인 '거의록'의 계통을 지을 수 있게 되었다. 그 당시 의병활동의 핵심 주근거지가 광산이었던 것에 대해 자부심을 가지고 문헌으로 최초 정착시킨 것이 ≪광산거의록≫이라면, 호소사의 역할과 그 막부편제를 중심으로 하여 기록한 문헌은 바로 ≪양호거의록≫이며, 이들 문헌에서 누락된 주로 호남지역을 중심으로 의병장들을 추가하려는 의도 하에서 기록한 문헌은 ≪정묘거의록≫이라 할 수 있다. 그런데 이 ≪정묘거의록≫은 수록된 공문서에 약간의 차이가 있을 뿐만 아니라, 일부 공문서에는 첨삭을 가하고 있다는 점에서 각별한 주목을 요한다. 이들 거의록의 최초 토대와 뼈대를 ≪광산거의록≫에서 확인할 수 있다는 점에서 그 의의를 발견할 수 있으리라 생각한다.

참고문헌

우인수, 「정묘호란시 삼남지역 호소사의 활동과 그 의미」, 『조선사연구』 20, 조선사연구회, 2011.

찾아보기

가 ...

나 ...

다 ...

라 ...

마 ...

바 ...

사 ...

아 ...

자 ...

차 …

타 …

파 …

하…

〈부 록〉

光山擧義錄 影印

조선대학교도서관본: ≪광산거의록≫

국립중앙도서관본: ≪천계정묘양호거의록≫

국립중앙도서관본: ≪정묘거의록≫

光山學義錄 影印

天啓丁卯擧義錄 終

修正都有司高興後人幼學柳永履 居高敞

別有司道康後人持平金光遇 居泰仁

平海後人幼學黃一漢 居興德

全州後人幼學李濬錫 居南原

開刊別有司道康後人幼學金光直 居泰仁

光山後人幼學金性溵 居古阜

崇禎一百七十一秊戊

聖上二十二秊戊午開刊

啓甲子适變與從兄省齋應純族叔石渚惟一發
通道內募聚兵穀亂平乃登科選入槐院丁卯之
亂公以正字在京不勝悲憤與本道朝士李尙馨
吳遲金汝鈺聯名移檄于湖南仍扈　鶴駕至全
州入號召使幕府倡起義旅和議已成以　朝命
往淸州罷兵還朝　顯廟新服之初公疏陳十條
興學校養賢才振頹綱謹貢擧廣言路祛貪風勵
廉恥嚴贓法革弊瘼抑奢侈而繼之以勸聖學誠
治亂剛直敢言不畏權貴由此數罷早年恬退逍
遙林泉卒官掌令有文集副提學愼天翊撰墓表

點密賂鄭命壽流言虜中事將不測公與遠接使
元公斗杓招詰首譯李馨長曰若諱言根斬之命
壽聞之大懼而去時有女具之役公選進後於諸
道 嚴敎累下公 啓曰鄉曲採薪之女難望越
娥之美 上大怒卽命拿推供不回撓 孝廟朝
以西門之重爲憂尤菴宋先生特薦公遂再按西
路而止吏曹參判卒于壬寅訃聞 上痛惜賜祭
官庀葬事玄石朴文純公世采撰神道碑
辛應壁字希尙號寒沙寧越人敬直齋長吉子生于
萬曆乙未性本忠孝行高學篤丁巳中生員 天

與之倡起義旅及和議已定又從 王世子八江
都拜謁 行宮因還朝丙子北虜再搶公在鄕聞
報與金公地粹召募將覲 王推鄭公弘溟爲義
兵將乃聞南漢危急沫血赴難至天安界以體府
檄還咸平縣急募兵穀西上則 駕已下城矣遂
慟哭而還旋以持平連劾江都失守之罪己丑差
赴燕京路遇一老儒極論尊攘之義因感贈一詩
曰秦俗卽今窺偶語漢儒何處覓殘書老儒汪然
起謝公之是行蓋慨雪之志而爲覘視也拜海西
伯公修繕軍械竭誠圖報 上甚嘉之時賊臣自

伋號秋潭光海朝以鄕貢到館時有廢 母之論
奮筆排斥凶徒惡而削籍丙子亂送子覲 王也
詩以誡之曰昔爲吾父子今作爾君臣恩義兼難
盡臨危莫愛身一自講和之後杜門屛跡歿後配
享于長城慕巖祠公生于 萬曆丙午頴悟出羣
牛溪成先生愛公才俊甚加期許 仁廟甲子逆
适犯 闕公發憤募義旅是年秋登上庠又捷大
科丁卯金虜犯境公以檢閱在京不勝悲憤與本
道學諭李尚馨佐郞吳暹正字辛應望聯名移檄
于本道因扈 鶴駕至全州號召使沙溪金先生

吳暹字退而軍威人僉使守躬孫主簿夢說子 萬曆丁亥生乙卯中進士 天啓甲子登文科旋遭适亂以斥堠將爲賊所陷後以 扈從參振武原從功當丁卯亂公以佐郞在京與本道文官李學諭尙馨金檢閱汝鈺辛正字應望聯名移檄湖南因扈從 鶴駕于全州從號召使沙溪金先生盡心起旅亂已還朝拜京畿都事官止善山府使

金汝鈺字君粹號薇山光山人麗朝司評子進隱居羅州與吉治隱齊名公其七世孫也祖 贈左承旨大成壬辰倭亂倡起義旅父 贈兵曹參判友

入赧然曰凜凜節義使人竪髮矣遂劄陳急擊之策又論諸將逗遛之罪及下城疏言立大本振大綱明大義行大公四條公見冠屨倒置決意南歸杜門讀朱子書累有召 命不就遺令書 崇禎官啣乙酉卒愼齋金先生銘其碣同春宋先生書幷篆陶庵李先生誌其墓鄕人立祠蓼溪 英宗丙子特施斥和臣別 恩贈弘文館副提學遣官賜祭其略曰洋洋東海齊士蹈之僉曰帝秦我則尊周隻手以扶義揭陽秋紫陽徽言澹庵正氣彌中血忱力舐時諱

敏學必先稱公　仁廟改玉復應舉登乙丑別試
一日擢堂後入講　筵愚伏鄭公經世谿谷張公
維咸推公經學　上即命參講堂後參講前代所
無一時榮之丁卯金虜猖獗　大駕幸江都公忠
憤激切與本道朝士吳遲金汝鈺辛應望移檄道
內因扈　王世子入號召使幕府倡起義兵聞講
和遂罷自此北喝大肆　國憂孔棘公疏進修攘
之策尊周之義丙子冬虜騎猝迫公自玉堂直所
扈　駕入南漢差督戰御史日夜循城矢石交集
入或勸其少避公叱曰臨危苟免非臣子之道其

發檄諸員 凡此四員在京聞變卽發檄本道曰 邑王世子入號召使幕府故錄之

李尙馨字德先號天默系出璿源 太宗大王第二子孝寧大君補七世孫也曾祖 贈左丞旨渾始居南原祖慶胤隱德不仕父昱性至孝事載輿誌公生于 萬曆乙酉幼聰明端重儼若成人甫八歲避兵安東華人見而異之撫摩稱歎曰大人生東方矣十三從活溪李公大旹受經書從容潛玩浹得其奧旣長淹貫諸書尤精於易學壬子中司馬時凶黨倡廢 母論公與同榜宋致中等抗疏嚴斥不報遂廢擧業從沙溪金先生學先生言人

屢日廢食 朝廷選廉良吏以公爲牙山縣監旋
被臺諫劾罷勿論庚辰卒尤庵宋先生撰墓碣

連山

李復吉字亨彦全義人高麗太師棹後主簿惟康子
也生于 萬曆己丑 天啓丁卯虜亂沙溪金先
生爲號召使授公以軍興之事蓋公爲人篤實當
事必擧先生嘗以幹局稱之至是果驗矣又出家
財以補焉亂已先生擧實 啓聞朝廷爲設武功
職以酬之初付司圃署陞儀賓府都事公即家食
事先生如初 崇禎乙酉卒尤庵宋先生撰墓表

公曰有命焉遊文元公金先生之門先生甚愛重
之 仁廟反正鄉人薦其才行李适叛鄰有聚徒
應賊者人心失其去就公明言順逆之理聽者始
知其向背焉公遂倡率同志從先生迎拜 大駕
事定不以爲功而守夢鄭公曄薦公于 朝丁卯
胡變先生爲號召使以公爲數邑倡義官公竭力
殫誠勞勩備至用先生薦授社稷署參奉歷活人
署別提 除靑山縣監俱有異政丙子亂愼獨齋
文敬公將募兵覲 王要與公同事又御史差公
攝運山縣監有以 行在事來傳者公北向痛哭

和痛哭而歸觴詠自遣乙巳終于家

保寧

金海壽字洊源光州人分都萬戶成雨樂保寧土俗遂居于青蘿洞祖忠恕有學行父應天兩世皆早歿公以　萬曆辛己生五歲即喪二親祖母尹氏鞠養之鳴谷李公山甫奇其異常而曰此子可敎自是聲譽益著而己中鄉解會尹氏歿公歎曰要爲誰榮況世道大變不可以汚身遂廢擧蓋廢朝殺弟聯　母之時也里閈有武人其女入後宮威福甚張衆皆媚承公唾鄙不與言或以禍福開公

聞己講和痛哭而歸絕意世事詩酒自娛終于
崇禎癸未有詩集載輿誌

南平

崔身獻字士泌號懶齋江華人平章事瑾後祖正字
命順號東溪父監察星望號魯谷公生于 萬曆
庚寅光海朝赴會圍見時事大非抱券經歸 仁
廟甲子登文科官佐郎未幾値适變扈 駕公州
丁卯虜亂聞 大駕幸江都公雪涕潛邁號召使
沙溪金先生任公召募公盡心規畫事已退歸丙
子亂與同志應檄而起募集兵粮行到淸州聞講

兵穀遠近素服公忠義應募甚衆公命子以謙掌
以書記率衆運粮行至金堤郡公忽病篤未赴屬
子以謙期以戡亂卒于 崇禎丁丑事載扶寧誌
李判書敏輔狀其行

金以謙字伯源號撫松堂扶安人主簿垓子 萬曆
癸未生天性仁孝父患痢疾嘗糞斷指丁卯虜亂
號召使沙溪金先生倡起義旅公從主簿公將赴
號召幕下行至金堤主簿公病未能進公乃代行
以圖戡亂媾成罷歸丙子虜再搶又以親命辭于
家廟告以覲 王死敵之意遂率義旅行至淸州

鄉里與生徒講學不倦又書 大明天地崇禎日
月八字於座隅以寓自靖之意嘗著自愼篇十二
條行于世 顯宗庚子卒享年六十一載鰲山誌

扶安

金垓字汝厚號退憂堂扶安人南床翰林直孫玄孫
己卯名賢 贈吏曹參議錫弘曾孫副應敎瑞星
孫判決事義福子公生於 嘉靖癸亥以學行聞
于 朝除司導直長 萬曆壬辰之亂 天啓甲
子之變兩次扈 駕特陞掌樂主簿丁卯虜亂沙
溪金先生以號召使傳檄起旅公應檄擧義召募

金淑命字國弼號頤齋系出蔚山開國功臣鶴城君
穩六代孫　端宗朝名人韜庵處离玄孫　宣祖
朝名臣鰲川景壽子　萬曆庚子生儀容俊直文
章夙就丁卯金虜入寇號召使沙溪金先生倡南
士起義以公爲召募有司公與同志數十人得義
兵三百餘人募義米八十餘石領至金溝聞講和
慨然曰數百年禮義之邦豈可與虜奴爲兄弟耶
壬申清陰金公薦授　光陵參奉甲戌轉奉事至
主簿丙子扈　駕南漢累遷掌隷院司儀及修城
下之盟公棄官出城曰畢命丘壑是吾之分乃歸

分朝公追及於公州體察使李元翼俾公佐號召
副使時李敏求以林川守爲是任公辭不赴文元
公爲號召使辟致幕下與議軍務事定罷 啓其
勞戊辰錄寧 社昭武一等陞司導直長丙子聞
北警卽處家事赴義兵將鄭公弘溟幕下痛念
行朝有獨立呑聲哭之句戊寅復以別座轉監察
後監懷仁縣以事罷癸卯卒享年八十同春宋先
生狀其行尤庵宋先生銘其碣士林慕公行誼立
祠栢峴
長城

居季依伯兄進士煒以長焉始從蘇校理光震學
終游沙溪金先生之門學行彌篤壬子中進士時
當政亂有廢 母之論柳應元者發文以應凶論
公奮然入縣學焚其文遂廢擧子業 仁祖改玉
擧遺逸丙寅始拜活人署別提丁卯北虜猝至
朝廷有去邠之論公與柳別座泰亨詣 廟堂揚
言曰 主上一入海島虜兵蹂躙八方則一島之
外皆非吾有莫若南臨湖嶺以圖萬全 大駕至
金浦遂分朝 王世子南下諸公 啓請以南中
某某人可與計議者偕行有 旨命公等數人赴

李弘記字伯强號迂叟咸平人祖長榮中重試官觀察使號竹谷建祠壽崗父璇公居家孝友才器放曠甲子适變與從兄弘謙同爲募義丁卯虜亂沙溪金先生爲號召使以公任召募公聚粟募兵竭誠規畫媾成罷還

高山

具瑩字瑩然號竹牖綾城人典書義後 贈承旨大倫子 萬曆甲申生聰穎異凡四歲甚愛牧丹承旨公欲折以與之公曰折則易枯不可久翫願勿折也人皆驚歎癸巳連遭內外艱兄弟九人公則

丁濟元字伯仁靈光人善養亭希孟孫早襲世德素
著忠孝甲子适變公以本邑有司募得兵穀將爲
覲 王亂平輸屬公門丁卯虜亂沙溪金先生奉
命爲兩湖號召使以公差召募之任公盡心規畫
赴全州賊退扈送 春宮而罷歸

金瑱字美仲延安人文翼公汝知八世孫判書昇七
世孫僉樞仁澤子受業於姜睡隱沆之門孝友出
天文學夙著早登司馬丁卯虜亂公與一鄉同志
募聚兵粮直到號召使義廳規畫方略亂已祇送
鶴駕于礪山而歸逍遙林泉詩禮自娛

禧陵參奉不就卒于　崇禎丙子所著禮說詩文
及善行錄漫錄等篇行于世渼湖兪相公拓基銘
其墓參贊兪公㝡基序文集

金餘慶字基善號滄洲靈光人文安公審言之後
世宗朝己亥殉節功臣該八世孫孝友出天慷慨
有志節當丁卯胡亂號召使沙溪金先生扈從
王世子于全州召募義旅公與同郡辛石渚惟一
辛省齋應純諸公募聚兵糓亂已祗送　鶴駕于
礪山事載郡誌及省齋集

丁鉽字國耳靈光人靈城君瓚後父善養亭希孟壬

禧陵參奉不就卒于 崇禎丙子所著禮說詩文
及善行錄漫錄等篇行于世渼湖俞相公拓基銘
其墓參贊俞公㝡基序文集
金餘慶字基善號滄洲靈光人文安公審言之後
世宗朝己亥殉節功臣該八世孫孝友出天慷慨
有志節當丁卯胡亂號召使沙溪金先生扈從
王世子于全州召募義旅公與同郡辛石渚惟一
辛省齋應純諸公募聚兵穀亂已祗送 鶴駕于
礪山事載郡誌及省齋集
丁鈛字國耳靈光人靈城君瓚後父善養亭希孟壬

門謝世力持正論無所回撓以此見忤於時幾陷
禍穽者累矣癸亥 改玉上疏獻賀甲子适亂
大駕播越公不勝悲憤與族叔石渚惟一及從弟
寒沙應望發通道內募粟三千餘斛以助軍餉丁
卯虜亂沙溪金先生爲兩湖號召使以公爲召募
之任公盡心規畫募義穀三百餘石及綿布百餘
疋而及報義廳也公自謙不專其事推讓同任以
季書之亂已屛居九峀山中不事擧業專心經傳
敎訓後進守宰方伯交章薦剡或以遺逸或以忠
節自 上有隨才授任之 敎甲戌以別薦授

又抄藍田鄉約白鹿院規以爲家鄉常行之儀卒
于 崇禎壬申寒沙公應堅贊曰天惟剛德公乃
則之姜睡隱沆歎曰與公對言思昔愆尤金沓川
地粹勉勵行誼交以道義

辛應純字希淳號省齋寧越人 贈參判永吉子生
於 隆慶壬申天分極高孝友篤至丁酉秋舍菜
之日聞倭寇逼至諸生散去公與伯父本郡學官
長吉及同志行禮之後舟奉 大聖以下位板及
祭器儀軌等物泛海得全庚戌冬與本道儒生上
章伸辨牛溪成先生被誣癸丑廢 母論起公杜

辛惟一字執中號石渚寧越人　贈參判夢得子生
于　隆慶己巳嘗遊於從兄長吉之門文行夙著
志節甚偉壬辰之亂方在巨創舟奉靈箱汎海得
全癸丑中司馬當光海朝杜門屛跡甲子适變與
族姪應純應望通諭列邑募聚兵粟及其亂平以
義穀輸納營門而補軍需丁卯虜亂號召使沙溪
金先生請公商議屬以召募公盡心規畫聚穀三
百餘石綿布二同餘疋而馳進義廳旋即扈隨
鶴駕祗送礪山而歸朝家有酬勞之典公以首薦
推讓於齒高而不居焉嘗抄文公家禮丘氏儀節

廢舉杜門甲子逆變募義起旅丁卯虜亂沙溪金
先生爲號召使公自發家僮數百直赴義廳中塗
聞賊退衆皆止公獨進有詩曰訛言則必恨益進
果何傷趣行至錦江得睹符信而歸又吟曰莫咄
兵無血虔劉也道常及至丙子不幸有疾未由赴
敵有絕句曰嗟吾同志士孰不斥和起毒此微臣
罪無辭以萬死卒聞講和北向慟哭又吟曰豈無
東海水世曠魯連蹈　贈掌樂院正梁雪松克選
撰行狀

靈光

勸止之公曰吾得死所矣卽日馳赴幕下病乃卽
瘳人皆異之奮勵畫策辭義凜烈先生稱歎曰柳
棹年雖少可論大事又當丙子亂與兄諮議公傳
檄列邑募兵聚粮約與同志赴難聞城下之盟北
向慟哭歸其軍粮於兵營有詩云從此便尋東海
水葬埋魚腹卽心安 崇禎癸酉中生員後 除
濟用監參奉童蒙敎官事見碧城誌孱溪尹先生
鳳九銘其墓

高鳳翼字希顔號翠竹軒濟州人文英公用贒十世
孫同知中樞騈之子氣宇軒昂文行夙著當昏朝

兵計以扈從功 特陞折衝及至 孝宗朝尤庵
宋先生及金文忠萬基折簡問策屬以兵事矣武
相李公浣嘗薦而自代累官至統制使捕盜大將
計聞 顯宗大王震悼 贈賻如例及葬 賜祭
其文有曰忠赤旣殫淸白自勵始終不替逮乎三
世云云黃翊贊胤錫撰行狀

柳棹字用濟號盤谷文化人佐郎秦亨子諮議楫弟
生于 萬曆甲辰與兄諮議公從師沙溪金先生
同門諸賢甚相稱詡當丁卯亂公方病劇聞金先
生爲號召使諮議公亦在參謀命侍者促行家人

投筆 天啓甲子适賊之亂 仁祖幸公州亂平
設慶科公登虎榜始試部將在京師値丁卯亂
大駕播遷江都 王世子南下全州公與姑夫柳
佐郎秦亨同隨 鶴駕每陳軍中物情且達時勢
艱危則號召使沙溪金先生稱公有將才媾成扈
從 王世子還朝以其功稍擢禁府都事尋出順
安縣令自丁卯金虜惻和以來虜差織路嚇喝日
甚公之得是實廟薦也旣上官遇虜差過者一以
威信相接不少屈虜差亦爲之畏縮自此公名益
著丙子以御營從事扈 大駕入南漢山城多助

卯胡亂公參軍在京師扈隨 王世子來全州與沙溪金先生參論兵事歷陳湖南物情而臨時制變之策隨問輒對無所遺失多有裨益後加昭武二等功 除刑曹佐郎而不復仕進終老鄉第公之子諮議楫敎官棹以文元先生高弟道學文章大顯于世時人擬之以程門父子焉

趙必達字行之金堤人文良公簡後文良公以麗朝名臣建祠龍巖俎豆之 貞陵參奉 贈左承旨惟精孫 贈戶曹參判思誨子公生于 萬曆庚子性度嚴峻能通經史十行俱下屢屈程式奮然

講紫陽修攘之策齊志以終官止應敎

金堤

柳泰亨字應運文化人漢城判尹元顯七代孫公生于 嘉靖戊辰自少豪邁拔俗不肯讀書年至二十自責悔悟屈氣好學日有程式文辭大進當時賢士大夫無不推詡從師沙溪金先生撥賾性理造詣日深先生以橫渠資稟稱之當昏朝政亂倫紀斁絶公憂國憤世與洪茂績鄭澤雷等一疏抗論當世士氣之不至淪喪者公之力也乙卯中進士癸亥 改玉以金先生薦 除 禧陵參奉丁

才及善馬備局渾其請公斥言曰不知修攘之爲何事惟以皮幣服事爲制敵之上策此南宋之見欺於金元也乙亥胡使來上招見之胡使據交椅而坐從胡攔入殿內公抗言 天朝再造之恩丙子冬聞胡變與李公興浡諸賢草檄倡義將行辭母夫人夫人曰忠孝乃家事勿以老母爲意也公受教赴難感吟一絶曰平戎無策有長纓撫劒中宵氣不平想應南漢城頭月照得孤臣一片誠前到淸州聞下城之報北向慟哭而罷奔問 闕下力陳義理自是無意於世連有 召命而不赴常

三義母之一也公以遺腹生於 萬曆戊戌時倭寇未退高氏隱避竹林中有大蛇圍公高氏言之曰梁氏血脉只此一兒欲害則天也不然爾去爾穴也蛇乃俛首而去尋見之乃黃龍也母夫人心異之幼而明敏才局超倫以神童稱早游於姜睡隱沆之門沉潛經籍甲子适變募聚兵粮丁卯姜虜猝至沙溪金先生膺兩湖號召使 命駐全州分署諸任聚募兵粮以公爲本州召募有司即起義旅赴幕府媾成罷歸癸酉生進文科俱中一等直拜翰注選湖堂玉署甲戌倭使藤智繩求馬上

遺集尤庵宋先生序其詩曰坤門韻今日最可讀
而於抄軍之義尤有所感也文谷金文忠壽恒陶
庵李文正縡表章其節義士林立祠祀之
梁曼容字長卿號據梧耽羅人曾祖彭孫弘文校理
號學圃祖應鼎副提學號松川父山軸處士受學
於栗谷李先生專心聖學壬辰亂與兄山龍佐郎
山璹倡義癸巳佐郎公殉節晋陽丁酉亂處士公
與生員公奉母朴氏闔門幷死於忠孝烈兄嫂柳
氏李氏妹金氏婦族女金氏婦庶姪女林氏婦也
家有八旌門母高氏孝烈公從厚女世所稱湖南

召募有司時　朝廷有和議而谿谷管籌司公寄
詩諷之曰六月飛霜不是冤吾知朔氣遍乾坤煩
公八告敷文德鎖鑰何人又北門遂率義旅馳進
號召幕下聞賊退扈送　鶴駕而退治兵書手抄
陣圖秘訣及觀氣法名曰登壇必考丙子聞　大
駕入南漢與家兄海龜及二子俊休將倡義及見
徵兵之　教不勝悲憤草檄遍諭刻期督旅馳到
淸州和事已成感慨作詩曰慟哭復慟哭國無可
奈何江都還失險南漢繼求和咄彼朝廷士徒肰
食肉多班師南下路雙淚血滂沱年五十五終有

羅海鳳字應瑞號南磵羅州人弼善祖曾孫護軍德讓子忠烈公德憲從姪也公生于 萬曆甲申少師姜睡隱沆晩游於沙溪金先生之門以文學行誼名張文忠維甚重之二十三中司馬光海戊午州人金佑成等附爾瞻將上凶疏公正言斥之李文忠元翼立異於凶論而被讒公上疏訟之凶徒啣之削名泮籍乃歸鄕里杜門讀易癸亥 改紀以遺逸 除參奉別提暫出旋還竭力養親遭艱六年廬墓扁其廬曰終慕甲子适變發檄倡義聞賊平而止丁卯虜亂號召使金先生辟公爲本州

梁青溪大樸同聲倡義不幸遭父喪服闋又與敵
愾將邊士貞再起義旅多有斬獲之功乙巳中司
馬入泮戊午禍起決意南歸丁卯虜亂號召使沙
溪金先生以公定召募官公擊劒雪涕募兵募粟
義士莫不響應一月之間兵至千餘糧聚百斛即
到任實聞媾成遂罷歸丙子胡亂又作誓倡義到
清州聞城下之盟痛哭而歸杜門謝世終身不出
以詩見志曰欲談時事頭全白每念皇家心獨丹
昭載於梁青溪倡義錄及趙山西慶男亂中錄

羅州

益仰焉丙辰年八十二而卒嘗以優老 恩得折衝階付副護軍分遺誡曰當以先君任資題墓石蓋恥僞號之在於墓表也尤菴宋先生題其墓曰褒盡其哀祭盡其嚴友于兄弟與朋友信而接宗黨有恩又曰承繼先懿以篤行見稱於世可謂賢矣

南原

房元震字而省號晩悟南陽人應賢之孫己卯名賢修撰貴溫從曾孫生于 萬曆丁丑早負笈於吳海西廷吉之門窮探性理年纔十六當壬辰亂與

兵且畫軍粮將爲赴難未幾亂己中道罷兵所聚軍粮納于山城官至正郎丁卯胡亂沙溪金先生以號召使倡南士擧義公與數百義士趨迎 鶴駕于公州至全州與道內義士上疏 分朝事載豐沛誌有陶溪集父 贈參議國傑母張氏旌閭

金聲夏字大叔號守愚光山人文正公快軒台鉉後司憲府監察鳳谷東洋子 萬曆乙未生誠孝出天學於家庭談論高明丁卯虜變沙溪金先生爲號召使與公爲刑有司公隨事克辦先生奇之特薦于 朝銓官注擬而公則謙退無矜色人以是

鳳谷東準嘗稱曰喜怒不形春風氣像非吾輩所
及安牛山邦俊嘗稱曰吾慣知其爲人眞實无妄
冲澹無欲誠大人君子也 崇禎乙亥卒 肅廟
乙卯配享崔文昌書院丙子 賜額武城渼湖金
先生元行序公遺稿

全州

梁夢說字天賚南原人天資純異 萬曆丁酉中丙
科是年秋七月倭寇自順天直抵全州州人李廷
鸞擧義守城自爲都別將以公爲從事官誓同終
始效死勿去又當甲子适亂公憤然發檄倡率義

汝立欲來相從公卽毁所居亭壬辰倭亂募兵及粟爲勤 王討公以 萬曆乙亥生受業於渭陽朴蘭溪宗挺之門甚爲士友推重見昏朝政亂士類破錮居常仰屋而歎曰恨未斷三昌頭(廣昌李爾瞻文昌柳希奮密昌朴承宗) 乙卯登進士爾瞻籃公名再三邀請公不答卽日南歸癸亥三月倡多士會雲住寺將抗疏極論聞 反正之報喜曰 天日重明矣因上章陳賀丁卯之亂沙溪金先生爲號召使往全州公仗義往謁先生與公談論甚加歎服稱以儒者因屬以收募義粟其所聚得甚夥柳白石楫金

屬義穀将金德宇漕納江都 朝廷嘉之後官至
陽城縣監丙子之亂亦與同志倡起義旅行到清
州聞講和而歸構一廬於沙湖上詩禮自娛爲士
林標準卒于 崇禎癸未享年六十三其在異域
日記悲慟之辭風土之異而有看羊錄行于世

泰仁

金濯字沃而號鳴川道康人開國功臣漢城府尹懷
鍊八世孫曾祖生員若晦號閒亭與李退溪金河
西李一齋林錦湖諸賢交遊甚厚祖進士尚衣院
直長元號詩嵒父司圃署別提大立號月峯鄭賊

賊所俘同時投海殉節幷 旌其閭事載新續三綱錄公生于 隆慶辛巳稟性孝友志氣慷慨年甫十七遭此慘禍與伯兄好仁爲賊所執三年異域號慕泣血倭酋愛其兄弟之才器脅之仕而啗以利公之兄弟終不屈曰爾等上爲國家之讎下爲父母之讐吾豈可屈膝乎倭酋感服其忠孝差船以送己亥七月兄弟偕還故國追服三年喪及其兄早亡則絶意世事仍廢公車業丁卯虜變沙溪金先生爲號召使公時居興德與李參奉起文及同志諸人應檄擧義募出義穀于茂長冬栢亭

宋廷涑字季涵聞慶人正郎鶡子主簿廷濂弟也生
于 萬曆甲申克承家業忠孝兼備屢擧不中築
亭榭以自娛蔭仕至軍資監正丁卯虜賊犯境
大駕播遷江都 王世子南下全州號召使沙溪
金先生奉 命起旅公悲憤慷慨與兄主簿公及
同志諸賢募義粟漕納 行朝朝廷嘉之陞資通
政昭載興城誌

鄭好禮字士中晉州人晉陽伯忠壯公璜後 中宗
朝原從功臣判官億玄孫父別提㦡 萬曆丁酉
倭亂與母李氏妻金氏及子婦李氏避賊大洋爲

和納穀 行朝而退自是北警連歲公歎曰丈夫當爲 國死耳五代孫翊贊胤錫撰家狀

宋廷濂閭慶人吏部典書臣敬八代孫佐翊功臣兵曹佐郎守中六代孫靖國功臣全州判官諴五代孫正郎二樂堂鵾子正郎公當壬辰倭亂覲 王有功自 上特除工曹佐郎陞正郎公生而英豪萬曆甲午登武科歷備局郎宣傳官訓鍊主簿見忤權門退居江湖丁卯之亂與弟廷涑及同志諸公應號召使沙溪金先生檄文募義穀獻江都行朝朝廷嘉之賞資通政後陞嘉善同樞載輿誌

溪金先生傳檄起旅公與族人前參奉起文及同
志召募兵穀後　除司饔院奉事詳載縣誌
黃以厚初名載厚字久而平海郡人參贊議政府事
淑卿八代孫也世居漢師父僉正處中始自春川
府楸下就興德縣別業子孫因家焉公生有異質
孝友篤至文藝夙就屢魁鄉解及光海倫斁自廢
不出公雖韋布草莽以世祿舊冑屬國事可憂恒
拳拳思移忠焉　天啓甲子适變公與同志募義
兵若穀事方就而亂已矣丁卯建虜滚八公應沙
溪金先生檄文與弟克厚及同志隨力募之會講

子之義豈不慟惋況吾家與他有異卽與同志諸
人應號召使沙溪金先生檄文募義兵及粟公先
出香稻米十石漕納江都以補 御供媾成上疏
陳情退歸鄕庄丙子 除廣興奉事而病不赴任
終于家昭載縣誌
李元男字效乾號梧隱系出璿源 太宗大王第五
子敬寧君齊簡公裶七世孫琪樹子 嘉靖庚子
生生有異質孝友出天幼少自解小學及長通達
義經親喪克遵禮制日三哭墓攀擗之處草爲之
枯鄕黨傳誦久而不已丁卯金虜入寇號召使沙

鳳谷東準嘗稱曰喜怒不形春風氣像非吾輩所
及安牛山邦俊嘗稱曰吾慣知其爲人眞實旡妄
冲澹無欲誠大人君子也 崇禎乙亥卒 肅廟
乙卯配享崔文昌書院丙子 賜額武城渼湖金
先生元行序公遺稿

全州

梁夢說字天賚南原人天資純異 萬曆丁酉中丙
科是年秋七月倭寇自順天直抵全州州人李廷
鸞舉義守城自爲都別將以公爲從事官誓同終
始效死勿去又當甲子适亂公憤然發檄倡率義

徐駬男同心奮義聞媾成扈 鶴駕至礪山而還
及丙子下城後遂杜門而終享年五十二
徐駬男字致遠利川人貞敏公弼後進士應星孫通
德郎弘涉子伯父弘渡 萬曆壬辰之亂赴高霽
峯錦山陣中同時殉節公生于 萬曆甲戌天性
至孝慷慨有志節 天啓丁卯姜虜入寇沙溪金
先生以號召使來到全州召募義旅公以本縣軍
器有司與召募有司柳鐵堅及金汝聲安晋戮力
同心即募義兵勇赴義廳媾成扈從 東宮至礪
山而歸屛居茂長地因廢擧業及至丙子之亂公

旅赴全州都義廳聞媾成扈隨 鶴駕至于礪山
祗送而歸子南式丙子亂以公之命倡義南漢下
城後謝絶世事奬進後學世稱 崇禎處士詳載
倡義錄

安晉字退甫系出竹山戶曹參判詔六世孫祖鸞嶺
處士福父處約公 萬曆丙戌生早承家訓克盡
孝悌慷慨有氣節 天啓甲子适變武靈辛省齋
應純諸公檄于列邑公協心同誓募聚兵穀與之
赴亂丁卯虜亂沙溪金先生爲兩湖號召使以公
爲粮餉有司與本縣召募有司柳鐵堅及金汝聲

정묘거의록 85

修祖父臨潤舊堂觴詠泓崢俯仰感慨終身以自
適 孝廟乙未卒黃翊贊胤錫撰行狀
金汝聱字遠而光山人判書仁雨七世孫己卯名賢
參奉敦睦齋麒瑞曾孫乙巳名賢生員蘆溪景熹
孫文科府使弘宇子義穀將德宇姪也府使公壬
辰亂倡起義旅丁酉素沙之戰接伴 天將有勝
捷之功公生于 嘉靖甲子早襲庭訓克篤忠孝
丁卯虜亂沙溪金先生奉 命爲號召使公以本
邑募兵有司與柳察訪鐵堅盡心規畫多得義穀
輸送于茂長義穀廳漕納江都因與同志遂率義

姿魁偉夙襲庭訓忠孝謹嚴制行卓然乙卯中司
馬壽 除昌陵參奉居官淸謹軍隷刻石頌之甲
子适亂與靈光郡守元公斗杓募兵粮守其城越
三年丁卯姜虜之亂沙溪金先生奉 命爲兩湖
號召使以公爲本縣召募有司管興德縣募粟事
公又差本縣儒生金汝聲安晋徐駬男爲募兵粮
餉軍器有司卽報于號召使都義廳仍募兵粮輸
送于 行在所及媾成扈送 王世子到礪山而
歸至丙子之亂與李雲巖興浡諸公協心倡義一
如前二亂時官察訪丁丑下城後益無意世事重

旅丁卯應沙溪金先生檄文又與同志募兵聚穀
将以赴難聞媾成至礪山菴送 東宮而還當丙
子亂倡義将赴之際聞和議已決慟哭而歸放跡
湖山仍廢舉業自稱湖隱居士 孝廟辛卯卒
贈戶曹參議

高敞

柳鐵堅字汝壽高興人忠靖公誠齋濯八世孫 贈
參判春發孫孝子東信子季父東輝早游沙溪金
先生之門中司馬官都事丁卯扈從江都錄寧
社一等功後 贈左承旨公生於 萬曆癸未天

播遷公與戚叔金德宇發文倡義之際見號召使檄文以召募有司多聚義穀漕納江都 朝廷嘉之先是光海朝棄官南歸有詩曰晩悟人間事歸來海上亭 肅廟癸巳建祠竹山有俎豆之享子腆字君晦號節庵文科舍人當甲子亂募納義穀又於丁卯從親命募軍聚穀甚多沙溪金先生大加稱歎

姜時彦字伯英號荷月堂晉州人貳相文良公希孟六世孫父繼吳江界判官公生于 萬曆己丑文行志節見重於當世甲子賊适之變聚義穀募義

茂長

吳益昌字裕遠號沙湖咸陽人吏曹參判致善六世孫也祖進士世英燕山朝自京寓居茂長進士贈左承旨寅子 嘉靖丁巳生己卯中司馬丁酉倭亂李忠武舜臣閑山之役倡率避亂船百餘隻布陣於戰船之後爲其聲援籌畫甚多兩軍壓戰之時鐵丸如雨無以遮禦乃收絮衾百餘漬水以掛丸不得透且取冬瓜盈載一船及其力戰之時犒卒渴甚遂分饋解其渴李忠武稱之不已官工刑二曹正郎參翼 社一等功丁卯之亂 大駕

柳參奉玶申別提渾李進士德養諸公時會講論以薦 除軍資參奉司憲掌令等職皆不就甲子适變公以親老不能赴難使奴負送義穀丁卯虜亂公爲號召使文書有司丙子亂公病劇使奴又替送義穀及講和後終身不見淸曆常着太古冠逍遙於泉石之間道伯洪公巡到時獨以匹馬來候談論仍贈詩曰昔聞陶處士今見李先生頭邊太古冠應笑我簪纓遺言勿書職秩以處士題主

李鼎秦字公實號野隱永川人直提學安直八世孫少游畸庵鄭公之門畸庵甚器重之妻以兄子丁

從事義兵參原從一等功公克承世德不墜前烈
丁卯虜亂沙溪金先生爲號召使公自薦募兵抗
義覲　王至全州聞媾成祗送　鶴駕而歸

李遵字毅賓號方齋磧城人禮曹判書士侗五世孫
父守益壬辰倭亂與從子秠同在於弟守咸金郊
察訪任所一時殉節公生甫五歲養於慈闈誠孝
篤至爲鄕黨所服早廢科業專心經學從游於鄭
畸翁之門畸翁稱之而長德君子又游於愼獨齋
金先生門多有講論遭昏朝廢　母之日遂入茂
良洞先壠下築土窟以處之人稱土窟處士每與

馳到淸州聞城下之盟痛哭而還結廬林壑杜門
屛跡以爲終老之計蓋其詩禮筆法世多傳習
尹頊字瑩中號玄洲咸安人文肅公瓘後咸安府院
君 贈領議政起畝五世孫禮賓寺副正世貞子
公早著德望不求仕祿富於文章不事科業沙溪
金先生稱之以廊廟器丁卯虜亂金先生以公爲
文書有司公糾合義旅行到全州聞媾成扈送
春宮以還隱居瑞石山中以山水自娛卒于甲戌
房明達字達夫南陽人直提學士良八世孫 贈承
旨膽依亭德驎孫父縣監復齡號九一堂壬辰亂

力收兵聚糧至完山聞和成扈送 東宮至礪山
罷歸杜門自靖

朴琮字子美號丹丘子竹山人吏曹判書文靖公元貞六世孫己卯名賢修撰嶙孫禮賓寺正應玆子受業於沙溪金先生之門研賾經義雅尙氣節乙卯中司馬昏朝廢科自靖有詩曰南山有逸老回首笑公侯甲子适變募義聚穀賊平輸納公門丁卯亂金先生爲號召使以公差文書有司公直到全州拔力收聚勤於簿牒諸公依以爲重聞媾成祗送 春宮于礪山而歸丙子胡亂公倡起義旅

柳述字孝叔號愛竹軒文化人右議政文城府院君
忠景公亮九世孫禮曹佐郞號六有堂思敬子早
受家廷之訓晩就外祖朴懷齋光玉門以行誼聞
丁卯亂沙溪金先生以公爲軍器有司公到全州
聞和成扈送 鶴駕于礪山罷歸

高傅弼字君錫長興人牧使敬祖孫進士依厚子進
士公當甲子适變與再從監察循厚及族姪弼善
傅川同糾義旅募聚義穀公文章行誼克紹先美
爲世推重丁卯亂號召使沙溪金先生以公定軍
器有司公與從兄傅敏從義兵將靜軒公同心並

己歸鄕丙子亂倡義覲 王至淸州聞和成罷歸

高傳敏字務叔號灘陰長興人曾祖生員仲英 中

廟朝疏斥權奸號松雪亭祖牧使敬祖父郡守

贈參判成厚壬辰亂以都元帥權公慄從事幸州

之戰有功錄勳公幼而秀異及長遊睡隱姜公沆

之門文藝行誼爲世所重丁卯虜亂沙溪金先生

爲兩湖號召使以公爲軍器有司公與再從叔監

察循厚三從傳立從弟傳弼及同志諸公收聚兵

粮到完山聞媾成扈送 東宮于礪山罷還丙子

亂公悲憤倡義到淸州聞下城之報歸老林泉

貞武公眩齋虔六世孫　贈參議孝芬子志存韜
晦謝絶名利沉潛經學尤精於易平居作座右銘
以自警丁卯亂沙溪金先生以公爲粮餉有司公
擧義到全州丙子亂倡義領兵覲　王行至淸州
聞講和罷歸詩禮自娛有遺藁

高傳立字君晦長興人忠烈公霽峯敬命孫孝烈公
隼峯從厚子天性至孝以祖殉錦山父歿晉江不
以平人自處常着蔽陽子處陋屋能文章終身不
赴擧　除慶基殿參奉不就世稱南州高士丁卯
亂沙溪金先生檄公爲粮餉有司公馳到全州亂

先生以公爲募兵有司公奮忠仗節召募覲　王
到全州聞和事成扈送　鶴駕於礪山罷還

朴忠濂字孝源號鏡巖咸陽人　侍講院輔德以寬
玄孫忠烈公高霽峯敬命外孫遊孝烈公高從厚
門高公甚器重庚戌中司馬甲子亂募穀以備兵
餉丁卯虜亂號召使金先生以公爲粮餉有司領
兵覲　王行至礪山丙子之亂倡義到淸州聞媾
成痛哭而歸丁丑以孝薦　除顯陵參奉不赴

奇義獻字士直號棄隱幸州人判中樞府事淸白吏

募聚兵粮到全州聞朝議已定祗送 東宮于礪
山而歸又當丙子亂見徵兵之 敎自闈中出來
遂投袂奮起募得兵粮進淸州聞南漢城下之羞
與諸公相向痛哭而歸謝絶世路杜門以終

李成春字伯榮星山人開國功臣景武公濟七世孫
進士號孝友堂億仁孫校尉汀子文學早成孝行
篤至年十七遭丁酉倭變祖母及父母兄弟皆被
害公冒刃奔救仍爲賊所執而去後逃還追喪三
[illegible]到全州聞和事成扈從 駕[illegible][illegible]山[illegible]還
先生以公爲募兵有司公奮[illegible]杖劍召募[illegible] 王

所陷方伯李公時白 啓以公權知縣監公直到
任所死守孤城亂已 朝家特使仍任官至司僕
正丁卯亂沙溪金先生爲號召使倡起義旅以公
爲募兵有司公遂與同志奮勵敵愾協心擧義行
至全州聞媾成祗送 鶴駕于礪山而歸
李德養字仲潤號梅軒全州人孝寧大君補八世孫
全州府尹楫曾孫公幼而穎悟長而博學望重儒
林早登司馬當甲子适變應募義都有司與辛進
士惟一等協心募義亂平而止丁卯亂沙溪金先
生以兩湖號召使差公爲募兵有司與一鄕同志

所陷方伯李公時白 啓以公權知縣監公直到
任所死守孤城亂已 朝家特使仍任官至司僕
正丁卯亂沙溪金先生爲號召使倡起義旅以公
爲募兵有司公遂與同志奮勵敵愾協心擧義行
至全州聞媾成祇送 鶴駕于礪山而歸

李德養字仲潤號梅軒全州人孝寧大君補八世孫
全州府尹楫曾孫公幼而穎悟長而博學望重儒
林早登司馬當甲子适變應募義都有司與辛進
士惟一等協心募義亂平而止丁卯亂沙溪金先
生以兩湖號召使差公爲募兵有司與一鄉同志

和事成祇送 鶴駕于礪山而歸姜虜得拜漢城右尹恥與同朝不就丙子亂見道内檄文沫血奮戈到淸州聞城下之盟痛哭而歸以詩見志曰天地誰回正月春紅羅九幅泣胡塵超然欲蹈魯連海和議圍城幾箇人因杜門謝世

申渾字子混號靜友堂高靈人大司諫歸來亭末舟五代孫吏曹判書尹溪公濟曾孫父敎官應河當壬辰亂與子進士淅進士昊(水傍)生員潔遇賊於果川罵賊殉節公之獨免者以其外祖金百旬之牧光州而公適奉母夫人歸寧於光故也公家離

烈公仁卿載三綱行實享瑞山松谷書院父騭號東溪學于奇高峯早聞文學公生于 嘉靖乙丑夙承家訓從遊沙溪金先生之門不事舉業隱居養親 萬曆壬辰倭亂公以布衣召募義旅扈從義州錄扈 聖功拜兵曹郎遷司憲監察光海朝棄官歸鄕癸亥 反正特 除庇安縣監甲子适變病未赴難送子主簿之百扈 駕於公州丁卯之亂沙溪金先生以兩湖號召使檄公爲募兵有司領軍到全州聞 行朝將議和寄書於女婿李相國浣曰嗟乎今日 朝廷如宋之秦檜者幾人

光州

奇廷獻字德晦幸州人世所稱生六臣貞武公虔六
世孫文憲公高峯大升孫縣監涵齋孝曾子涵齋
公當壬辰倭亂以義穀將聚穀於靈光法聖浦漕
納龍灣　行在所公克修家學蔭仕至玄風縣監
居官淸儉有去思碑丁卯金虜之亂　大駕播越
國事蒼黃沙溪金先生以兩湖號召使差公爲召
募有司公募兵聚粮馳到全州聞媾成罷還

鄭敏求字景達號默齋瑞山人十代祖臣保浙江人
以宋員外郎宋亡浮海至瑞州仍居焉九代祖襄

丁卯擧義錄

公 啓差義穀將公與數百義士迎謁 世子于
公州扈隨至全州與宋淸坐爾昌安牛山邦俊金
良村德宇柳白石楫同心協力和議將成扈從
鶴駕往淸州期會諸義士向江都詣 行在所相
罷而歸杜門屛迹奬進後學甲申壽七十七而卒
門人李雲巖興浡李西歸起浡聯名文以祭之曰
雨雪紛紛北風掀天百卉俱腓孤松特秀李奉事
惇義挽公詩曰茅蕉幾泣秦宮廢梅福事看漢日
新
刻邑召募諸員

祖朝原從功臣典牲署令愼言玄孫修義副尉世
玉子生於　隆慶戊辰孝友出天及長與崔石溪
命龍金鳳谷東準講討問難世稱道義三公　萬
曆壬辰兵燹之後文學漸至頹滅公與琴書堂申
重慶倡學於完府以斯文爲己任甲辰聞沙溪金
先生敎迪後進負笈從事先生甚加稱歎光海朝
廢　母之議公抗疏特立遂廢擧業屛居東溪之
傍益以古道自律及　仁祖改玉再除　孝陵參
奉終不起甲子适亂倡起義旅亂平所聚義穀呈
納營門又當丁卯虜亂金先生爲兩湖號召使以

及家姪汝聲應檄起旅而聚義穀於冬栢亭船輸行在募義兵而赴義廳則沙溪先生以宗屬愛重之且以同庚別加致禮亂已進礪山祇送 鶴駕而歸朝廷嘉之陞嘉善同樞 崇禎癸酉卒 孝廟朝尤庵宋先生掌銓曹時考其文蹟達于 筵前曰丁酉丁卯之亂湖南義士募軍輸粮助餉江都其前後忠節如彼卓異而泯沒無聞事甚矜惜宜有褒恤之典未久 孝廟賓天未蒙 恩褒詳載輿誌

金峻業字汝修號東溪義城人義城君龍庇後 世

義穀將

金德宇字彥容號良村光山人判書仁雨六世孫祖光陵參奉敦睦齋麒瑞父生員蘆溪景熹受學於渭陽梁學圃彭孫見乙巳士禍隱居不出爲士林所推重公生于 嘉靖戊申薰襲家庭不事擧業萬曆丁酉値島夷之亂與兄光宇倡義起旅參宣武原從功 天啓甲子之變 大駕播遷公病不能赴亂卽命子汝剛與道內同志募聚兵粮丁卯之亂沙溪金先生以兩湖號召使傳檄行關召募義士以公爲湖右義穀將公與戚姪吳沙湖益昌

所著己卯錄抗義新編及野史等書行于世綾州
寶城同福等地建祠享之
高循厚字道常號靜軒長興人己卯名賢　贈禮曹
參判雲曾孫忠烈公霽峯敬命第四子辛卯中進
士官刑曹正郎甲子适亂與道內同志募穀以備
軍餉亂己輸納營門丁卯建虜入寇沙溪金先生
以兩湖號召使奉　命傳檄擧義辟公爲湖南義
兵將公杖劒登壇與同志諸義士協力起義兵粮
旣備誓師至全州邑　東宮以待號召使方略聞
賊退祇送礪山而還絶意世務韜光歛跡以終焉

以義兵將又以書勉諭公直赴義廳協心同謀期
濟國亂未幾賊退因還鄉廬當丙子亂傳檄鄰邑
倡率數百人亦爲赴難聞南漢解圍罷兵而歸庚
辰上疏浚斥和議之非究論致禍之由言辭痛切
不避忌諱至引國家壬丁之亂而以棄義忘恩助
兵犯順等說切切言之尹大諫煌趙相公翼屢次
力薦由憲府至參議每陳疏不赴以誘掖生徒爲
己任年八十二卒于隱峯精舍訃 聞特命該曹
致賻同春宋先生浚吉退憂金相公壽興 啓陳
公志節自 上贈吏曹參判市南俞公棨撰行狀

溪朴公宗挺受學兩公皆深加期待年十六赴鄉
舉見場屋紛擾心恥之遂絕意舉業專心爲己之
學年十九往拜牛溪成先生先生時被黨錮杜門
謝世見公誠篤始許贄禮壬辰之亂從竹川公倡
義起旅以軍事往拜體察使松江鄭相公論難機
務松江大加敬歎丁酉奉老親避亂山中猝遇賊
兵公約同行數十人力戰射殺賊將賊徒敗走一
行賴以得全甲子以學行 除教官別提皆不起
丁卯金虜入寇公糾合義旅與平日所相知者數
百人將赴難沙溪金先生以號召使奉 命差公

諸議柳楫以學行有重望於士林且勤於敎誨及其死也加麻從葬者三百餘人師弟之禮三代以後復見於今自 上嘉歎特贈持平翌年壬辰兩湖士林建祠於金堤郡九庵宋先生銘其碑性潭宋判書煥箕序文集

義兵將

安邦俊字士彥自號冰壺世稱牛山先生竹山人祖舳官羅州牧使號鈍庵與金河西林石川優游自適時人謂之湖南三高父重敦中司馬兩試公以萬曆癸酉生早從同郡竹川朴公光前及姊兄蘭

同志敵愾倡義丙寅虜使之來公與李雲巖興浡
及士友十餘人上章請斬虜使一世偉之丁卯之
亂金先生爲兩湖號召使以公爲參謀官公與宋
淸坐爾昌宋睡翁甲祚安牛山邦俊諸賢諮決籌
策賊退扈隨 王世子以 朝命向江都及罷兵
不勝慷慨語輒流涕丙子胡亂又與弟棹及李興
浡諸賢同心倡義檄諭道內期會礪山行到淸州
聞南漢下城相向痛哭而歸決意遯世以開進後
學爲己任討論經史之際必益致意於尊周之義
孝廟辛卯卒閔老峯鼎重廉察本道時 啓曰故

世亂己奉　元孫還京朝廷以功拜參知庚辰拜
光州牧以箋文中不書僞號罷己亥　孝廟賓天
公以兵曹參議赴哭在旅邸疾革語子弟曰吾以
布衣受　恩三朝涓埃未報目將不瞑矣享年六
十三尤庵宋先生誌其墓
柳楫字用汝號白石文化人佐郎泰亨子生子　萬
曆乙酉丙辰中生員遊沙溪金先生之門受心經
近思錄等書文章德行著於世先生嘗獎曰吾
黨有人矣癸亥　新化以老先生薦爲　王子師
傅後拜侍講院諮議當甲子适亂與弟棹及剡邑

文元公撰行狀淸陰金文正公銘其碣愚伏鄭文
莊公誌其墓尤庵宋文正公表其墓
宋國澤字澤之恩津人判院事大原後雙淸堂愉六
世孫琴巖夢寅繼子 萬曆丁酉生早遊沙溪金
先生之門先生愛重之己未中生員甲子登文科
丁卯虜變文元公爲號召使以公爲參謀官未幾
薦入史局自檢閱累遷至正言時遷改 穆陵朝
論雋貳公守正不撓丙子邊遽至 大駕入南漢
公時在僻巷不及從 駕遂由諸島僅入江都敗
日城破閫公至武庫置火藥於前曰此吾輩死所

縣監時廢朝搆殺國舅羅織大獄公因此而罷官
歸懷德庄舍築別墅於船巖川上名曰挹灝亭以
爲頤養之所癸亥 反正初授文義縣令轉榮川
郡守丁卯正月聞虜八寇即八鄕序堂議召募事
時沙溪金先生爲兩湖號召使 啓公爲參謀官
亦以書勸勉公與諸父老召募兵穀略有頭緖是
日聞 大駕幸江都 王世子分朝南下乃赴問
於公山仍在沙溪寓所宋睡翁甲祚亦來會與同
籌畫二月扈到完山倡南土起義亂己歸家五月
卒享年六十七 顯廟朝 贈吏曹判書沙溪金

賊不屈死之年六十三 孝廟丁酉 贈都承旨
顯廟辛丑 命享江都忠烈祠 肅廟辛丑 賜
祭壬午 命加贈吏曹判書謚忠憲享連山龜山
書院

參謀

宋爾昌字福汝號淸坐窩恩津人判事大原後雙淸
堂愉六世孫郡守應瑞子 嘉靖辛酉生于漢陽
蓮池洞受業於金黃岡辛白麓宋龜峯亦從遊栗
谷李先生之門癸未偕諸生抗疏直李先生之誣
庚申中司馬庚子筮仕爲連原察訪累官至新寧

尹烇字晦叔號後村坡平人昭靖公坤八代孫 贈
吏曹參判昌世子文正公八松煌弟也 萬曆乙
亥生于漢城受業於牛溪成先生之門力學不倦
庚戌登文科癸丑廢 母之論起公與嚴惺權鑊
停凶疏人李偉卿等擧羣凶澂怒劾公奪官公自
此絶意從宦癸亥 中興拜京畿都事丁卯春聞
虜警奔問未至而 大駕已入江都 世子分朝
南下沙溪金文元公爲號召使辟公爲從事徇行
郡邑募兵粮寇退兵罷隨號召使入朝丙子北虜
入寇以彌善奉 世子嬪入江都丁丑江都陷罵

漏江以爲池仍募兵粮以備不虞翌年春逆适叛

大駕南幸　上問可任公牧者申公薦公　特拜

公牧時責應甚煩官庫乏儲公極意供給經費有

裕事載山城碑記丁卯胡變號召使沙溪金先生

啓公爲副使公激勵兩湖軍容甚肅陪　世子至

通津後拜南原府使棄歸蓋自丙丁以後無意仕

宦也嘗欲抗疏以明大義爲人所沮而止寓意於

山水之勝卜築于林川江上壬辰卒以靖　社功

贈兵曹參判

從事

宋興周字用我鎭川人直提學松亭愚六世孫敵愾
功臣判決事翠五世孫縣監　贈參判英震子
萬曆辛巳生于漢師氣岸魁傑壬辰倭亂參判公
死於兵公奉祖母與母夫人攜兩弟流落南土依
養於族叔瓢翁公嘗摳衣於沙溪金先生門光海
政亂公慨然抗章極言鄭蘊之忠爾瞻之奸蔡謙
吉等竟論以無君不道至於禁錮癸亥　反正以
昇平金公瑬薦拜敎官不就又拜利仁察訪時湖
西伯申鑑以公山山城無水爲憂公言引城下江
流申公　啓聞于朝任公其事公甃于堞底匿空

刑曹參判 崇禎四年辛未八月卒于連山之居
第始以道學 特贈吏曹判書後以子槩請 社
寧 社從勳加 贈領議政 孝廟丁酉 賜諡
文元公胤子文敬公集述家狀淸陰金文正公尚
憲撰誌文門人宋文正公時烈撰行狀張文忠公
維撰碑文鄭文貞公弘溟記墓表宋文正公浚吉
撰諡狀有遺稿及經書辨疑近思釋疑疑禮問解
家禮輯覽喪禮備要刊行于世典禮全書藏于家
肅廟丁酉因多士陳請 命躋享 聖廡

副使

天啓丁卯擧義諸公行蹟

號召使

金長生字希元號沙溪光州人大司憲號黃岡繼輝子也以　嘉靖二十七年戊申生幼受業於宋龜峯翼弼長委身師事栗谷李先生得其嫡傳　宣祖朝以薦筵仕光海時因庶弟之禍屛居鄕里仁祖反正擢臺職又　特授司業又　命輔養元子移書勉戒諸勳臣條陳修身救弊十三事疏論典禮與時議不合丁卯虜亂以號召使倡義兩湖(詳見本錄)覲　王江都旣歸累辭　召命不起官至

發檄諸員

贈副提學李尚馨

佐郎吳　暹

參判金汝鋌

掌令辛應望

主簿金淑命

扶安

主簿金 垓

宣務郎金以謙

南平

佐郞崔身獻

保寧

縣監金海壽

連山

都事李復吉

參奉辛應純

幼學金餘慶

幼學丁釴

進士姜溭

幼學丁濟元

進士金瑱

幼學李弘記

高山

監察具瑩

長城

羅州
別提羅海鳳
應敎梁曼容
金堤
佐郎柳泰亨
統制使趙必達
敎官柳樟
贈掌樂正高鳳翼
靈光
進士辛惟一

丁卯擧義錄 上 四

主簿宋廷濂

軍資正宋廷涑

縣監鄭好禮

泰仁

進士金　灌

全州

府使梁夢說

宣敎郎金聲夏

南原

進士房元震

贈參議姜時彦

高敞

察訪柳鐵堅

通德郎金汝聲

幼學安 晋

幼學徐駬男

興德

奉事李起文

奉事李元男

幼學黃以厚

幼學柳述

幼學高傳弼

進士朴琮

幼學尹頲

從仕郎房明達

掌令李導

別提李鼎泰

幼學李用賓

茂長

正郎吳益昌

縣監鄭敏求

別提申 渾

縣監朴之孝

進士李德養

校尉李成春

參奉柳 玶

參奉朴忠濂

幼學奇義獻

參奉高傅立

幼學高傅敏

贈持平柳 楫

義兵將

贈參判安邦俊

正郎高循厚

義穀將

同知金德宇

參奉金峻業

刘邑召募有司

光州

縣監奇廷獻

天啓丁卯擧義人員

號召使

文元公沙溪金先生長生

副使

贈參判宋興周

從事

忠憲公尹 烇

參謀

贈判書宋爾昌

參議宋國澤

募粟是乎矣一依官軍例獨子及兄弟從軍分揀是遣本縣義兵東宮護衛次領到全州則錦江把截及中路留屯之兵盡爲歸農亦有衛旨導良都體府行下以軍兵段己爲放還是遣成冊及軍粮弓矢等並只上使事

右呈號召副使

題辭 捧上到付 三月十二日

職以白首書生衰朽迂拙將非其人物情輕慢赤手孤立恐難成就極爲悶慮爲置道以參商不爲應募人從自願粮餉軍器收合以補軍需爲乎乙喩行下教是乎旀近日募得粮械數爻爲先後錄牒報爲在果此外時方勸諭募聚爲臥乎事

軍粮六十石　弓三十張　長箭三十五部

題辭　光山大邑所募極少極爲不當多般開諭爲乎矣山尺私炮手段勒定未爲不可急急擧行事

天啓七年二月十六日在全州

義兵將爲上使事二月初二日始設廳於本縣募兵

男十石黃以厚一石黃克厚二石宋廷濂一石宋廷涑一石鄭好禮五石募粟官自出米十石以三十五石數本府輸送五石戶曹上納皆有尺文鄭好禮名五石名未收乙于仍畢捧同府輸送爲旀所謂三十四石段以下缺

義兵將高循厚報狀

義兵將爲馳報事當此 國家危急之日卑職與有司等竭誠募兵而兵以義名不可勒定是旀凡軍士及公私賤丁壯者盡赴官軍雖有餘存良置或老病歸農或父子兄弟分揀外無一人戰用可合者是遣重念卑

天啓七年二月初三日

興德縣官文書

爲相考事節到付事關內云云是置亦有相考爲乎矣丁卯胡變時號召使分定募粟官高敞居柳鐵堅差來爲有如可不久改差於本縣居前主簿李振文乙仍于前後募粟之數多致誤錯前使時己爲論報受書目爲有在果募米乙或納江都或納戶曹如乎文書相違爲乎等以前後尺文及書目幷以相考爲乎矣江華府移文後錄內所謂李振文自納米十五石段李振文自納不喩李振文爲募粟官募得成冊元數四十石內李起文十石李元

糧餉有司前正郎吳纘昌 軍器有司幼學姜
時彦
辭所得兵穀一一馳報事
天啓七年二月初二日
高敞召募有司柳鐵堅報狀
召募有司爲馳報事二月初一日戌時到付道檄文
導良義兵將諭文來到本邑是乎如急設義廳募兵募粟
置敎是分掌有司等姓名後錄牒報事
募兵有司金汝聲 糧餉有司安晉 軍器有
司徐駟男

餉有司進士柳玶 朴思濂 幼學許義獻 高傳立 軍器有司幼學高傳敏 柳述 高傳弼 文書有司進士朴琮 幼學尹頎 房明達 李遵 李鼎泰 李用賓

題辭 不必馳來姑留本廳盡心措置從所得一一馳報事 二月初七日到

義穀將金德宇報狀

義穀將爲馳報事正月三十日午時到付道檄文導良即設義廳於本邑之客舍爲有如乎募兵募粟罔晝夜措置爲乎矣分掌有司等姓名後錄牒報事

天啓七年二月二十二日到

義兵將高循厚 報狀

義兵將爲馳報事正月二十九日未時到付道檄文

導良即日排設義廳募兵募粟等事罔晝夜措置爲如乎

節到當日未時到付道義兵將差定下帖內節該即

刻馳來事下帖是置有如一二日之間不成貌樣是如乎聽

令次單騎馳進爲乎喩姑留本廳調選兵糧爲乎喩行下

教是乎旀分掌有司等姓名後錄牒報爲臥乎事

募兵有司前縣監鄭敏求 前別提申渾 前

縣監朴之孝 忠義衛李德養 李成春 糧

檢察使李元翼關文

檢察使爲相考事道下來時得見一路號召使招致忠義則多有不合戰陣衰老之人叱分不喩亦有愁怨之態不可以凡軍士例驅迫戰陣之間是置無違樂赴者外自知老弱不肯赴陣者乙良軍粮願納爲去乎蘆嶺以上米一石蘆嶺以下米十斗公州自家輸納以便公私爲齊時事艱危東宮行殿以行南方凡有血氣之人孰不痛惋況三百年堂堂文物一朝受辱於禽獸之域言念及此不覺淚下惟我衆庶各盡其力共濟國事

求前別提申渫進士柳玶朴忠廉具瑩幼學高傳敏
柳述尹頫金海壽李復吉金峻業等爲有司使之召
募兵粟而時安公居寶城先生移書勉之二月迎謁
世子于公州時 世子分朝南下先生以粮械之
募合者湊給 行朝身詣 分朝以糾率義旅 世
子即賜進對慰諭甚至遂隨扈至全州一夕有虛警
賊已渡臨津 分朝諸宰蒼黃欲奉 世子移駐嶺
海人心波蕩顯有瓦解之勢先生先見體相力言其
非計又請對條陳利害 世子首肯曰吾意亦然俄
而訛言亦自定仍往清州期會諸義兵將向江都連

之日不可不顧念于此故我使相沙溪先生玆遣不佞訪問刻邑一以諭勸募之非一以鼓赴難之義召募諸任之贊須體此意勿以多得爲事務從樂願而如有强民所不欲者則反不如不募之爲愈天豈本廳之意哉實是可駭之甚者未捧者勿捧己捧者還給而民之不便者亦各來告如不首實致有後言則難免其責可不愼哉且十室必有忠信百里豈無義士如欲敵 王所愾捍 上于艱則勤相勸勉執殳而起與我共圖毋負大造肆敷心腹用示四境

修撰李 尚馨 通諭本道文 與佐郎吳暹檢閱金汝鈺正字辛應望聯名

號召使從事官金 光奭 曉諭文

國運不天胡騎長驅關西一路已陷賊藪 宗社播越 兩宮分離緬惟江都孤島渺茫千里湖程 鶴駕飄零漢水以北烟火蕭瑟京都宮闕景像慘憺言之痛哭只欲無生賊勢孔棘莫敢小抗吾其被髮不幸今日前者號召使之設專爲募兵覲 王募粟繼餉也凡在食土之類宜其奮發義氣或願從事或願納粟分所當爲理不可已而但念蚩蚩小民不識義理斗粟厭出反有怨言則非吾所謂義穀也奪馬攘財人或有言雖不近似有駭聽聞當此 邦本凋瘁

知委施行事

號召使爲相考事今此募兵募粟之擧雖出於爲
國家義旅不得已之事而各官大軍抄發之後江都
及軍前運粮之事一時疊督則人不堪其苦是遑義旅
及募粟之事一時驅迫則民間尤不無騷擾之患爲置
義兵則官軍外忠義衛校生閑遊人等與本官守令
同議從優募兵募粟爲乎矣某邑附近之邑則召募官
等與某官相議施行俾無彼此掣肘之弊向事

天啓七年二月日在全州

此亦中各其所管依此施行次

馳來爲乎矣 募粟募兵軍器等物多般聚得以濟國事

向事

天啓七年正月二十八日

號召使關文

號召使爲相考事募兵募粟之事當此 國家艱危

之日固其急務是乎等以 各官良中 使之開諭自願募粟亦爲

有如乎 今聞募粟官出入閭里强責米租之故抄軍運

粮之極又有此擧以致民間騷擾是如爲臥乎所 至爲可慮

今後乙良 士子及爲 國報恩自願納粟人外其餘愚

氓等處切勿强責俾無呼寃事各其所屬召募官處

募其召募數爻這這馳報爲乎矣事勢孔棘罔晝夜擧行爲旀面面各定有司二人一爲募軍一爲募粟事

義兵將差帖

號召使爲差定事義兵將差定爲去乎急急到卽刻馳來爲乎矣召募人及募粟人多般教諭以濟國事向事

天啓七秊正月二十八日己爲狀　啓知之察任

正月二十九日到

召募有司差帖

號召使爲差定事召募有司差定爲去乎急急到卽刻

相助茲敷心腹以誕告惟願諸君子躍馬電奔杖劍影從有計慮者朋來運籌有才勇者奮臂折衝其有不能騶從者召募義旅糾合健兒及時奬率擇定代將急赴軍前如有將材者公共薦擧勤幹儒生擇定粮餉有司解事多能者分掌軍器監造列邑守宰有志同事者不俟議于巡察俾從便宜嗚呼此誠危急存亡之秋義士殉 國之日也百爾君子勖哉勖哉

天啓七年正月二十五日

此亦中次次飛傳爲乎矣 日時書塡終到有司還送幕府爲旀 列邑召募有司等不須急奔幕下務爲召

寇戎充斥長驅之勢莫遏捍禦之策方急咨我兩湖
素稱忠烈之鄉人才之府凡厥士夫庶民豈忍坐視
義當赴難不待通告想已先奮不佞以八十頹耋無
能爲者而値此艱危之際祇受有　旨若曰國家不
幸奴賊犯邊義州失守轉入宣定萬一賊兵穿過兩
西深入腹內則恢復之資惟在南方慮患之道不可
不長玆以卿爲號召使印信下送卿其糾合義旅董
率觀　王不佞不敢以老病退亦不敢以駑劣辭不
量負山之力惟厲死國之志乃於本月二十三日始
建幕府爰與一二同志招集若干士庶日望諸賢之

旨及印信不勝感激臣數月前聞賊變義當創
進詣覲 王之刻而八十之年不能跨馬奔趨兼且
疾病委頓只自悶泣而已今承 成命臣雖老聾何
敢不盡心力以副 殿下委任之意乎臣即當召募
義旅鞠躬盡瘁死而後已第臣罷癃老病全昧韜鈐
今若僶勉身制以致僨事則臣之獲罪固不足言而
其於 國事所關甚大伏望擇遣廷臣中有將才者
使之與臣同事云云

號召使檄文

號召使謹告于列邑守令大小士民嗚呼天禍吾東

兵馬或督運粮餉回心同仇以赴國亂嗚呼王事孔
棘臨危爾莫愛身利器須時有功予不吝賞故茲敎
示想宜知悉
天啓七年正月 日
號召使金長生 狀啓
正月十九日右副承旨金尚成貼有 旨諭以國家
不幸奴賊犯邊義州失守轉入宣定萬一賊鋒窮過
兩西深入腹內則恢復之資惟在南方慮患之道不
可不長茲以卿爲號召使印信下送卿其糾合義旅
董率覲 王者臣於本月十九日在連山本家受有

姜絪回答于虜中此一款必當嚴辭拒之賊若捨此一款仍求和好則雖有下城之恥小紓目前之急第無厭之欲難從之請一有不從其禍尤酷前鑑不遠在宋之世危急存亡此雖其時乃今日定筭則甸服之卒屯據南漢三南之兵遮截漢口西北之軍議賊之後庶齊鋒淬刃相機勦滅但江都根本形勢孤危三軍暴露百官倚壁而粮餉方匱舟師未集沿江諸屯兵食俱缺兩師新敗北軍未到而隳突之患政在朝夕斯乃忠臣烈士流涕讀詔血誠起義之秋也咨爾藩鎭守宰大小人民咸奮忠義敵王所愾或催趲

若曰不弔昊天降禍于我國女眞小醜越茲蠢爾西
土人民咸罹兵刃龍灣綾漢淸川三城不能持守以
至平壤潰黃州散封豕長蛇其勢有不可遏惟予不
德誕遭大艱不得不踵太王之遁梁少避凶鋒茲奉
廟社　慈殿出次江都江都人士顚仆道途萬品失
序八路震蕩　鈌鈌　醜貌罪實在予尙何言哉伊賊自
過安州以後累差人致書以要通好犬羊之言雖不
可信在我權宜應變以爲一時緩兵之計則有不可
已而虜必叵測至以拒絶　天朝爲辭此則君臣天
地大義截然有以國斃不敢從也朝廷方遣晉昌君

狀啓二十三日建幕府遂辟前府使宋興周爲副使前持平尹烇爲從事前郡守宋爾昌前博士宋國澤處士柳楫爲參謀前別座安邦俊前縣監高循厚差義兵將同知金德宇參奉金峻業差義穀將而檄諭兩湖所募義穀則聚茂長冬栢亭漕納江都義兵將及列邑召募有司則扈隨 王世子自全州徃淸州期會兩湖義兵將向江都已而以 朝命罷兵而諸公則或至礪山祇送 鶴駕而歸或至江都拜辭行宮而還 此外諸公考諸誌狀及邑誌之明白可據者並皆入錄

教文

天啓丁卯姜虜入寇時號召幕府事略

萬曆戊午建州奴夷搆亂 天朝天朝以羽檄徵師

我 國朝廷擢姜紳之子弘立爲元帥赴援弘立行

到馬家寨不戰而降於胡因居焉至 天啓甲子韓

賊明璉之子潤脫身入胡見弘立瞞以我 朝夷滅

渠家挑其梟獍之心因與同搆反刃犯順之計以丁

卯正月糾合鐵騎突入義州兇鋒所抵雞犬亦盡連

陷平壤黃州等地吏民波奔 朝野洶懼 大駕西

幸江都 東宮南下同月十九日命沙溪金文元

公拜號召使先生在連山本家承 命二十二日修

報狀 三

官文 一

號召使 一員

副使 一員

從事 一員

參謀 三員

義兵將 二員

義穀將 二員

列邑召募有司 六十六員

發檄諸員 四

目錄

一各人員世系德行謹倣史氏列傳之規撮要入錄

一幕府以下諸員或㕘年譜碑狀或考邑誌官文事蹟之十分明白者外一幷刪改以存謹嚴之體

凡例

一先敍事略次錄
敎文若公文次錄號召使以下幕府召募八員姓名
事實以別體段

一文字之逸而不傳甚多只從眞的可據者編次如
左

一錄名之規或從幕府八屬之先後或依傳來文籍
之次第不以年德之尊卑爲序

一雖有當時功烈之卓異者非關於號召使則不敢
幷書

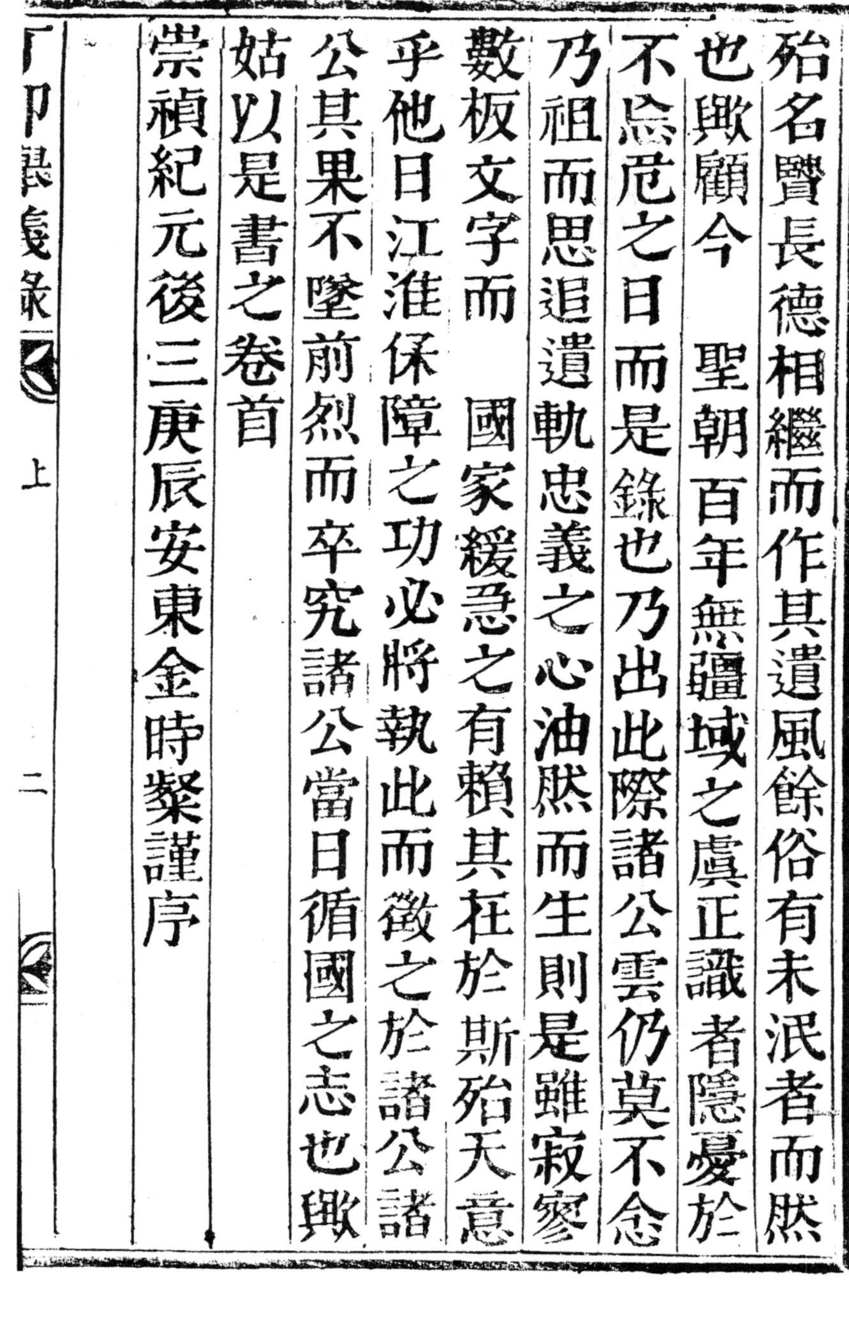

殆名賢長德相繼而作其遺風餘俗有未泯者而然也歟顧今 聖朝百年無疆域之虞正識者隱憂於不忘危之日而是錄也乃出此際諸公雲仍莫不念乃祖而思追遺軌忠義之心油然而生則是雖寂寥數板文字而 國家緩急之有賴其在於斯殆天意乎他日江淮保障之功必將執此而徵之於諸公諸公其果不墜前烈而卒究諸公當日循國之志也歟姑以是書之卷首

崇禎紀元後三庚辰安東金時粲謹序

丁卯擧義錄 上 二

議謀所以剞劂而傳後徵序於余以其錄來示之錄
凡 傳敎一首號召使檄文一義將帖一諭義廳關
二義將報牒三檢察使傳令一摠若干編嗚呼禍亂
之作常在於昇平恬嬉之餘一有警急望風靡潰而
奮忠抗義維持整頓之功每出於草野書生而不出
於平日豢酣富貴與瞋目語難之輩誠以其義理素
定忠憤自激眀於捍頭目之義也今茲義舉以老先
生爲首而同錄諸公率皆講學談道之儒士或屛退
田野之朝紳則是豈平世以軍旅而相期者哉湖南
自前多義旅而光山尤表著如高霽峯諸公是已此

丁卯擧義錄序

天啓丁卯姜虜引奴賊入寇 大駕播越江都于時沙溪金先生受兩湖號召使之 命傳檄列郡召募兵粮而光山則以靈峯之胤高循厚爲義兵將歷擧門人知舊之素忠義抱才猷者而與之同事焉義將承令分差諸有司募壯勇峙糗粮鍛矛修簿部分略定義旗纔擧而和事已成 朝廷下罷兵之旨義將以下諸公進迎 東宮行殿於完城而扈至礪山祇送而歸以其未及交兵其事遂泯而無傳後百三十餘年其時文蹟出於擧義人子孫家諸公後裔咸聚

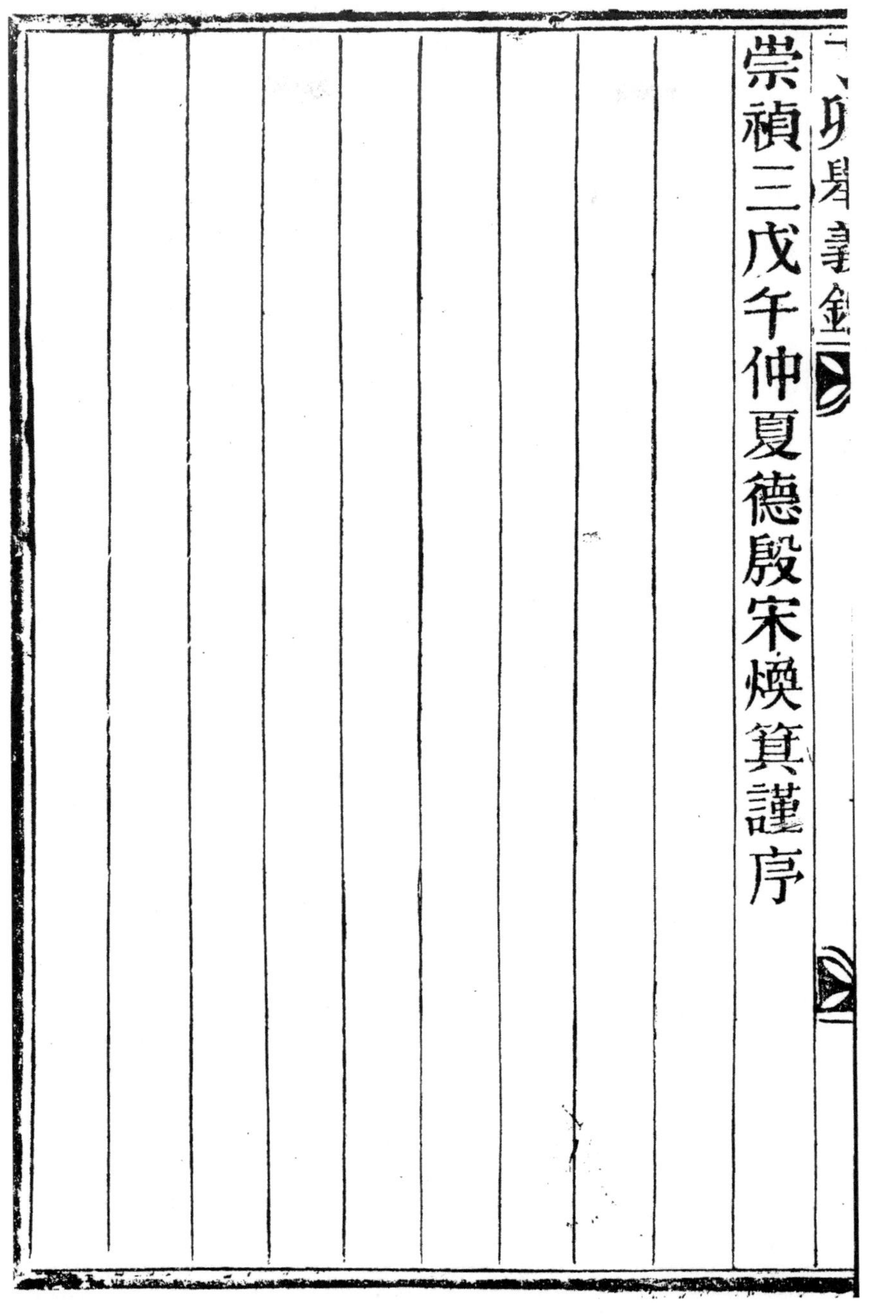

丁卯擧義錄

崇禎三戊午仲夏德殷宋煥箕謹序

耳凡其以忠義相感激而奮起草野樂赴矢石者雖或功烈不得遂于一時而義聲所及有足以激勵百世矣諸公之事其可泯沒哉後丁丙子之亂諸公之在世者或赴難或倡義有殉節焉有斥和焉亦得以垂耀竹帛矣是不徒爲衞社之忠而已又豈不偉歟嗟乎今去丁卯丙子世級寖遠世之能復知有 皇明之天啓崇禎者亦難矣覽是錄者油然生忠義之心而倘復發風泉之思秉尊攘之義焉則庶無媿於諸公當日之舉也余於斯錄所感者深遂撫卷興歎而書之如此云

立慬而乃以擧義之未有究竟並其事蹟而不免沉
晦迄茲百餘載亦無所傳錄後來識者孰不慨惜曩
歲庚辰光山擧義錄始出而見者甚病其諸公徽蹟
太草略亦恨其只擧一州而不及兩湖今湖南諸儒
爰謀增輯而剞劂名以兩湖擧義錄而問序於余竊
惟金先生之奉承 聖諭主張義擧措置得宜紀律
整肅者固甚盛矣而諸公之各受任掌爭奮忠烈者
實出於平時氣節甚偉義理素定之餘見此所載而
斑斑可詳矣是錄之成不亦善乎噫義旅之興從前
多在兩湖蓋是當時檄文所謂忠烈之鄉人才之府

兩湖擧義錄序

嗚呼此擧義錄卽我沙溪金先生號召使時事蹟也先生道純德備蔚然爲一世儒宗講道溪上四方之人莫不尊慕而兩湖之士益致悅服粤在 天啓丁卯當建虜入寇 大駕播遷先生受兩湖號召使之命卽出近境發檄文募兵粮而以知舊門人之志氣才猷素有蘊抱者分差諸任與之同事而大小羣情擧仰籌策於是奮義敵愾之士風馳雷奔應募相續行將整旅而勤 王遂以媾成而罷歸苟使赴陣對敵則諸公之隨先生而沫血奮戈者成必樹勳敗必

丁卯擧義錄 上

丁卯擧義錄 全

兩湖擧義錄序

嗚呼此擧義錄卽我沙溪金先生號召使時事蹟也
先生道純德備蔚然爲一世儒宗講道溪上四方之
人莫不尊慕而兩湖之士益致悅服粤在 天啓丁
卯當建虜入寇 大駕播遷先生受兩湖號召使之
命卽出近境發檄文募兵糧而以知舊門人之志氣
才猷素有蘊抱者分差諸任與之同事雖自諉以八
十頹耋難任韜鈐而大小羣情擧仰籌策於是奮義
敵愾之士風馳雷奔應募相續行將整旅而勤 王
遂以媾成而罷歸苟使赴陣對敵則諸公之隨先生

而沫血奮戈者成必樹勲敗必立慬而乃以義擧之
未有究竟並其事蹟而不免沉晦迄玆百餘載亦無
所傳錄後來識者孰不慨惜曩歲庚辰光山擧義錄
始出而見者甚病其諸公徽蹟太草略亦恨其只擧
一州而不及兩湖今湖南諸儒爰謀增輯而剞劂名
以兩湖擧義錄而問序於余竊惟金先生之奉承
聖諭主張義擧措置得宜紀律整肅者固甚盛矣而
諸公之各受任掌爭奮忠烈者實出於平時氣節甚
偉義理素定之餘見此所載而斑斑可詳矣是錄之
成不亦善乎噫義旅之興從前多在兩湖盖是當時

檄文所謂忠烈之鄉人才之府耳凡其以忠義相感激而奮起草野樂赴矢石者雖或功烈不得遂于一時而義聲所及有足以激勵百世矣諸公之事其可泯沒哉後丁丙子之亂諸公之在世者或赴難或倡義有殉節焉有斥和焉亦得以垂耀竹帛矣是不徒爲衛社之忠而已又豈不偉歟嗟乎今去丁卯丙子世級寖遠世之能復知有 皇明之天啓崇禎者亦難矣覽是録者油然生忠義之心而倘復發風泉之思秉尊攘之義焉則庶無愧於諸公當日之擧也余於斯錄所感者深遂撫卷興歎而書之如此云

崇禎後三戊午仲夏德殷宋煥箕謹序

光山擧義錄序

天啓丁卯姜虜引奴賊入寇　大駕播越江都于時沙溪金先生受兩湖號召使之　命傳檄列郡召募兵糧而光山則以霽峰之胤高循厚爲義兵將歷擧門人知舊之素忠義抱才猷者而與之同事焉義將承令分差諸有司募壯勇峙糗粮鍜矛修簿部分略定義旗纔擧而和事已成　朝廷下罷兵之旨義將以下諸公進迎　東宮行殿於完城而屆至礪山祇逡而歸以其未及交兵其事遂泯而無傳後百三十餘年其時文蹟出於擧義人子孫家諸公後裔咸聚

천계정묘양호거의록 5

議謀所以剞劂而傳後徵序於余以其錄來示之錄
凡 傳教一首號召使檄文一義將帖一諭義廳關
二義將報牒三檢察使傳令一摠若干編嗚呼禍亂
之作常在於昇平恬嬉之餘一有警急望風靡潰而
奮忠抗義維持整頓之功每出於草野書生而不出
於平日豢酣富貴與瞋目語難之輩誠以其義理素
定忠憤自激明於捍頭目之義也今玆義擧以老先
生爲首而同錄諸公率皆講學談道之儒士或屛退
田野之朝紳則是豈平世以軍旅而相期者哉湖南
自前多義旅而光山尤表著如高霽峰諸公是已此

殆名賢長德相繼而作其遺風餘俗有未泯者而然也歟顧今 聖朝百年無疆域之虞正識者隱憂於不忘危之日而是錄也乃出此際諸公雲仍莫不念乃祖而思追遺軌忠義之心油然而生則是雖寂寥數板文字而 國家緩急之有賴其在於斯殆天意乎他日江淮保障之功必將執此而徵之於諸君諸君其果不墜前烈而卒究諸公當日循國之志也歟姑以是書之卷首

崇禎紀元後三庚辰安東金時粲謹序

天啓丁卯兩湖擧義錄凡例

一庚辰所刊擧義錄名以光山擧義錄者以其只錄光山諸公也今則合録兩湖諸公故以兩湖擧義錄名之

一略著姜虜入寇顚末於卷首以備考覽

一擧義時文蹟年久之後自多遺失只有 教文一度號召使狀 啓檄文各一義兵將帖文一號召使關文一義兵將報牒三檢察使關文一及諸公名帖依此入錄

一兩湖諸公謹依沙溪年譜義兵將報牒中所載

入錄此外無可徵文蹟者不敢追附以存愼重之體而守愚金公事實見於尤菴所撰墓碣故特爲附錄

一號召使事實特揭于諸公事實列錄之上

一諸公序次一依沙溪年譜義兵將報牒而錄之

천계정묘양호거의록 11

天啓丁卯兩湖擧義錄卷之一

姜虜入寇時記事

萬曆戊午建州奴夷構亂　天朝天朝以羽檄徵師
我　國朝廷擢姜紳之子弘立爲元帥赴援弘立行
到馬家寨不戰而降於胡因居焉至　天啓甲子韓
賊明璉之子潤脫身入胡見弘立躪以我　朝夷滅
渠家挑其梟獍之心因與同構反刃犯順之計以丁
卯正月吽合鐵騎突入義州兇鋒所抵雞犬亦盡連
陷平壤黃州等地吏民波奔朝野洶懼　大駕西幸
江都　東宮南下全州

兩湖擧義事蹟

教文

王若曰不吊昊天降禍于我國女眞小醜越玆蠢爾西土人民咸罹兵刃龍灣綾漢淸川三城不能持守以至平壤潰黃州散封豕長蛇其勢有不可遏惟予不德誕遭大艱不得不蹕太王之踰梁小避兇鋒玆奉 廟社慈殿出次江都江都人士顚仆道途萬品失序八路震蕩(缺二字)醜貌罪實在予尚何言哉伊賊自過安州以後累差人致書以要通好犬羊之言雖不可信在我權宜應變以爲一時緩兵之計則有不

可已而虜心叵測至以拒絶 天朝爲辭此則君臣
天地大義截然有以國斃不敢從也朝廷方遣晋昌
君姜絪回答于虜中此一款必當嚴辭拒之賊若捨
此一款仍求和好則雖有城下之耻小紓目前之急
第無厭之欲難從之請一有不從其禍尤酷前鑑不
遠在宋之世危急存亡此雖其時乃今日定筭則甸
服之卒屯據南漢三南之兵遮截漢口西北之軍議
賊之後廣齊鋒淬刃相機勦滅但江都根本形勢孤
危三軍暴露百官倚壁而粮餉方匱舟師未集沿江
諸屯兵食俱缺西師新敗北軍未到而隳突之患政

在朝夕斯乃忠臣烈士流涕讀詔血誠起義之秋也
咨爾藩鎭守宰大小人民咸奮忠義敵王所愾或催
趲兵馬或督運粮餉同心同仇以赴國亂嗚呼王事
孔棘臨危爾莫愛身利器須時有功于不吝賞故玆
教示想宜知悉

天啓七年正月　日

號召使金長生狀啓

正月十九日右副承旨金尚成貼有　旨諭以國家
不幸奴賊犯邊義州失守轉入宣定萬一賊鋒穿過
兩西深入腹内則恢復之資惟在南方處患之道不

천계정묘양호거의록 15

可不長玆以卿爲號召使印信下送卿其糾合義旅董率勤王者臣於本月十九日在連山本家受有旨及印信不勝感激臣數日前聞賊變義當匍匐進詣勤 王之列而八十之年不能跨馬奔趍兼且疾病委頓只自悶泣而已今承 成命臣雖老聾何敢不盡心力以副 殿下委任之意乎臣卽當召募義旅鞠躬盡瘁死而後已第臣非但老病全昧韜鈐今若黽勉專制以致僨事則臣之獲罪固不足言而其於 國事所關甚大伏望擇遣廷臣中有將才者使之與臣同事云云

號召使檄文

號召使謹告于列邑守令大小士民嗚呼天禍吾東寇戎充斥長驅之勢莫遏捍禦之策方急咨爾兩湖素稱忠烈之鄕人才之府凡厥士夫庶民豈忍坐視義當赴亂不待通告想已先奮不佞以八十頽耋無能爲者而値此艱危之際祇受有 旨若曰國家不幸奴賊犯邊義州失守轉入宣定萬一賊鋒穿過兩西深入腹内則恢復之資惟在南方慮患之道不可不長玆以卿爲號召使印信下送卿其糾合義旅董率勤王不佞不敢以老病退亦不敢以駑劣辭不量

負山之力惟勵殉國之志乃於本月二十三日始建
幕府爰與一二同志招集若干士庶日望諸賢之相
助玆敷心腹以誕告惟願諸君子躍馬雷奔仗劒影
從有計慮者朋來運籌有才勇者奮臂折衝其有不
能躬從者召募義旅糾合健兒及時獎率擇定代將
急赴軍前如有將才者公其薦擧勸幹儒生擇定粮
餉有司解事多能者分掌軍器監造列邑守宰有志
同事者不侫議于巡察俾從便宜嗚呼此誠危急存
亡之秋義士殉國之日也百爾君子勗哉勗哉
天啓七年正月二十五日

召募有司進士柳玶 幼學高傅敏 柳述 進
士朴忠廉 前縣監奇廷獻 幼學尹頎 前縣
監朴之孝 前別提申渾 前縣監鄭敏求
此亦中次次飛傳爲乎矣 日時書塡終到有司還送
幕府爲旀 列邑召募有司等不須急赴幕下務爲召
募其召募數爻這這馳報爲乎矣 事勢孔棘罔晝夜
擧行爲旀 面面各定有司二人一爲募軍一爲募粟
事

義兵將差帖 安公帖文 逸而不傳

號召使爲差定事義兵將差定爲去乎 急急到卽刻馳

來爲乎矣召募人及募粟人多般敎諭以濟 國事向事

右下前監察高循厚

天啓七年正月二十八日 巳爲狀 啓知之察任

正月二十九日到

義兵將報狀

義兵將爲馳報事正月晦日未時到付道檄文導良卽

日排設義兵廳募兵募粟等事罔晝夜措置爲乎如節

當日戌時到付道義兵將差定下帖內節該卽刻馳

來事下帖是置有亦一二日之間不成貌樣是乎如聽令次

單騎馳進爲乎喩姑留本廳調選兵粮爲乎喩更良行下

敎是乎旀 分掌有司等姓名後録牒報爲臥乎事

募兵有司前縣監鄭敏求 前別提申渾 前縣監朴之孝 忠義衛李德養 李成春 粮餉有司進士柳坪 朴忠廉 幼學奇義獻 高傳立 軍器有司幼學高傳敏 柳述 高傳弼 文書有司進士朴琮 幼學尹頎 房明達 李蓂 李昌泰 李用賓

題辭 不必馳來姑留本廳盡心措置從所得一一馳報事 二月初七日到

號召使關文

號召使爲相考事募兵募粟之事當此 國家艱危
之日固其急務是乎等以各官良中使之開諭自願分粟亦爲
有乎如 今聞募粟官出入閭里强責米租之故抄軍運
粮之極又有此擧以致民間騷擾是如爲臥乎所至爲可慮
今後乙良士子及爲 國報恩自願納粟人外其餘愚
氓等處切勿强責俾無呼怨事各其所屬召募官等
處知委施行事
號召使爲相考事今此募兵募粟之擧雖出於爲
國家義旅不得已之事而各官大軍抄發之後江都
及軍前運粮之事一時疊督則人不堪其苦是遣義旅

丁卯擧義錄 卷一

及募粟之事一 時驅迫則民間尤不無騷擾之患爲置
義兵則官軍外忠義衛校生閑遊人等以與本官守
令同議從便募兵募粟爲矣乎 南原附近之邑則召募
官等與南原府使相議施行俾無彼此掣肘之弊向事
天啓七年二月初七日在全州
任實 南原 谷城 同福 玉果 淳昌
昌平 潭陽 光山 和順 南平 綾城
寶城 長興 康津
此亦中各其所管依此施行次
檢察使關文 檢察使姓名未傳

檢察使爲相考事道下來時得見一路號召使招致忠義則多有不合戰陣衰老之人兺喩不亦有愁怨之態不可以凡軍士例驅迫戰陣之間是置無違樂赴者外自知老弱不肯赴陣者乙良軍粮願納爲乎去蘆嶺以上米一石蘆嶺以下米十斗公州自家輸納以便公私爲齊時事艱危 東宮行殿已行南方凡有血氣之人孰不痛惋況三百年堂堂文物一朝受辱於禽獸之域言念及此不覺淚下惟我衆庶各盡其力共濟國事事 二月十二日到

義兵將報狀

義兵將爲馳報事當此 國家危急之日卑職與有
司等竭誠募兵而兵以義名不可勒定是旀凡軍士及
公私賤丁壯者盡赴官軍雖有餘存良置或老病歸農
或父子兄弟分揀外無一人戰用可合者是遣重念卑
職以白首書生衰朽迂拙將非其人物情輕慢赤手
孤立恐難成就極爲悶慮爲置道以柰商不爲應募人
從自願粮餉軍器收合以補軍需爲去喩行下敎是乎旀近
日募得粮械數爻爲先後錄牒報爲在果此外時方勸
喩募聚爲卧乎事

軍粮六十石 弓三十張 長箭三十五部

題辭 光山大邑所募極少極爲不當多般開喩爲乎

矣 山尺私炮手段 勒定未爲不可急急擧行事

二月十六日在全州

義兵將爲上使事二月初二日始設廳於本縣募兵

募粟是乎矣 一依官軍例獨子及兄弟從軍分揀是遣 本

縣義兵 東宮護衛次領到全州則錦江把截及中

路留屯之兵盡爲歸農亦 有 旨導良 都體府行下以

軍兵段已爲放還是遣成冊及軍粮弓矢等幷只上使事

右呈號召副使

題辭 捧上到付 三月十二日

三月十三日 東宮自全州還 駕江都
同月十四日義兵將及各有司扈 駕至礪山拱立
官衙祗送而歸

天啓丁卯兩湖擧義錄卷之一終

天啓丁卯兩湖擧義錄卷之二

號召使沙溪金先生事實

號召使

金先生諱長生字希元光山人號沙溪謚文元從祀
文廟 天啓丁卯正月丁亥十九日拜兩湖號召使有旨
見上 庚寅二十日祗受有 旨託卽修狀 啓出次近境
狀見上 啓 辛卯二十三日建幕府馳檄兩湖辟前府使宋興
周爲副使前持平尹烇爲從事前郡守宋爾昌前博
士宋國澤處士柳楫爲參謀前別坐安邦俊前縣監
高循厚差義兵將又以前縣監奇廷獻朴之孝鄭敏

求前別提申渫進士柳玶朴忠廉具瑩幼學高傳敏
柳述尹頔金海壽李復吉金峻業等爲有司使之召
募兵粟而時安公居實城先生移書勉之二月迎謁
世子于公州時 世子分朝南下先生以粮械之
募合者湊給 行朝身請 分朝以糾率義旅 世
子即賜進對慰諭甚至遂隨扈至全州一夕有虛警
賊已渡臨津 分朝諸宰蒼黃欲奉 世子移駐嶺
海人心波蕩顯有兎解之勢先生先見體相力言其
非計又請對條陳利害 世子首肯曰吾意亦然俄
而訛言亦自定仍往淸州期會諸義兵將向江都連

以軍事書議于湖南伯閔公聖徽書見先生續稿三月乙亥八日詣 行在所蓋自二月望後和議將成因有號召使所募軍兵勿發送之 令先生遂與諸門人馳赴江都庚辰十五日 拜辭 行宮遂入對 上教曰卿以老病之人當此危難盡誠國事寻甚嘉悅先生對曰國事至此誠罔極矣臣之老病才疎非所堪任而徒爲奔走而已今賊勢稍緩乞解職名歸死鄉里 上曰賊兵尚在境内仍爲帶職而歸脫有緩急所管之事終始盡心可也先生旣還往留黃山書院區處兵粮修整帳目四月戊申十二日 陳疏乞解號召使上送

印信

擧義諸公事實

副使

宋興周字用我鎭川人敵愾功臣判決事翠五世孫縣監贈參判英震子龍蛇之亂參判公殁于兵公奉祖母與母夫人携兩弟流落南土依養於叔父瓢翁公遂摳衣於沙溪金先生之門光海政亂公慨然抗章極言鄭蘊之忠爾瞻之奸蔡謙吉等論以無君不道至於禁錮癸亥 反正以昇平金公瑬薦拜教官不就將湖西伯申鎰以公山山城無

水爲憂公言可引城下江流申公　啓聞于朝任
公以其事公甃於堞底漏江以爲池仍募兵粮備
不虞翌年春逆适叛　大駕南幸　上問可任公
牧者申公薦公特拜公牧時責應甚煩官庫乏儲
公極意供給經費有裕事載山城碑記丁卯之亂
金先生爲兩湖號召使辟公以副使公激勵兩湖
軍容甚肅陪　世子至通津後拜南原府使棄歸
卜築於林川江上以終焉壬辰以靖　社功贈兵
曹參判 居全州

從事官

尹烇字晦叔號後村坡平人昭靖公坤八代孫贈吏
曹參判昌世子文正公八松煌弟也受業於牛溪
成先生之門力學不倦庚戌登文科癸丑廢 母
之論起公與嚴惺權鑊停凶疏人李偉卿等擧羣
凶深怒劾公奪官公自此絶意從宦癸亥 反正
後拜持平丁卯春聞虜警奔問未至而 大駕已
入江都 世子分朝南下沙溪金先生以兩湖號
召使辟公爲從事官徇行郡邑募兵粮寇退兵罷
隨號召使入朝丙子以弼善奉 世子嬪入江都
丁丑江都陷罵賊不屈死之 孝廟丁酉贈都承

旨 顯廟辛丑命享江都忠烈祠 肅廟辛丑賜
祭壬午 命加贈吏曹判書謚忠憲享連山龜山
書院 居尼城
參謀官
宋爾昌字福汝號清坐窩恩津人判事大原後雙清
堂愉六世孫郡守應瑞子受業於金黃岡辛白麓
宋龜峰亦遊栗谷李先生之門癸未偕諸生抗疏
直李先生之誣庚申中司馬庚子筮仕爲連原察
訪累官至新寧縣監時廢朝搆殺國舅羅織大獄
公因此而罷直歸懷德庄舍築別墅於船巖川上

名曰把灝亭以爲頤養之所癸亥 反正初授文義縣令轉榮川郡守丁卯聞虜變即入鄉射堂議召募事時沙溪金先生爲兩湖號召使辟公以叅謀官亦以書勸勉公與諸士友召募兵穀 王世子分朝南下仍奔問公山扈到完山亂已歸家 顯廟朝贈吏曹判書金先生撰行狀清陰銘其碣尤菴表其墓愚伏誌其墓 居懷德

宋國澤字澤之號四友堂恩津人雙清堂愉七世孫醉翁公希命子出爲族父贈叅判琴巖公夢寅後公始學於清坐宋公爾昌後遊沙溪金先生之門

己未中生員甲子登第選入槐院至博士丁卯之
變金先生以兩湖號召使辟公爲參謀官俄而媾
成公隨金先生奔問 行朝而歸戊辰薦入史局
丙子之亂公以前掌令徒步入江都和事成公奉
元孫自唐津還京朝廷以公有保護功特陞通政
階連拜承旨參議 顯廟己亥 上聞公之卒命
中使護喪 中殿別致賻庚子冬 賜祭 肅宗
癸亥特贈左贊成 英宗丙子致祭盖以 聖母
外祖有此忠義故也同春撰行狀尤菴撰墓誌墓
表 居懷德

柳楫字用汝號白石文化人佐郎泰亭子生于萬曆乙酉丙辰中生員遊沙溪金先生門受心經近思錄等書文章德行著於世金先生嘉奬曰吾黨有人矣癸亥 新化以金先生薦爲 王子師傅仍拜侍講院諮議丙寅虜使之來公與李雲巖興浡及諸士友上章請斬虜使一世偉之丁卯之亂金先生爲兩湖號召使辟公以參謀官公與宋淸坐爾昌安牛山邦俊諸公諮決籌策靖成不勝慷慨語輒流涕丙子之亂與弟棹及李公興浡同心倡義檄諭道內期會礪山行到淸州聞南漢下城

相向痛哭而歸決意遯世 孝廟朝閔老峰鼎重
廉察本道時 啓曰故諮議柳楫以學行有重望
於士林且勤於教誨及其歿也加麻從葬者三百
餘人師弟之禮三代以後復見於今日 上嘉歎
特贈持平翌年壬辰兩湖士林建祠於金堤郡尤
菴銘其碑 (居金堤)

義兵將

安邦俊字士彦號牛山竹山人祖紬官牧使號鈍菴
世稱湖南高父重敦中司馬兩試公年十六赴鄉
舉見場屋紛擾心耻之遂絶意舉業專心爲己之

學十九往拜牛溪成先生先生時被黨錮杜門謝
世見公誠篤始許執贄壬辰之亂與同郡竹川朴
公光前倡義以軍事往拜體察使松江鄭相公論
機務松江大加敬歎丁酉奉老親避亂山中猝遇
賊兵公約同行數十人力戰射殺賊將賊徒敗走
一行賴以得全甲子以學行除教官別提皆不赴
丁卯之亂公糾合義旅與平日所嘗知者數百人
將赴難沙溪金先生以兩湖號召使辟公爲義兵
將又以書勉諭公直赴義廳協心同謀期濟國亂
未幾賊退因還鄕廬當丙子之亂傳檄鄰邑倡率

數百人赴難聞南漢解圍罷兵而歸庚辰上疏深斥和議之非究論致禍之由言辭痛切不避忌諱由憲府至參議每陳疏不赴以誘掖生徒爲己任年八十二卒于隱峰精舍贈吏曹參判尤菴序文集所著己卯錄抗義新編及野史等書行于世綾州寶城同福等地建祠享之(居寶城)

高循厚字道常號靜軒長興人霽峰忠烈公敬命第三子隼峰孝烈公從厚鶴峰毅烈公恩厚之弟壬癸之亂公在弱齡不能隨父兄擧義立慬常血泣追痛及長慷慨有大志文章與德行俱重當時人

謂有父兄風二十三登上庠筮仕至刑曹正郎仁廟甲子有适變都城失守 大駕南狩公聞難即倡義傳檄召聚兵粮北上爲勤 王許旋聞賊己平遂罷兵以所聚義穀輸完營補軍需而還至丁卯之亂與從子參奉公傳立及同志諸士友謀擧義旅沙溪金先生以兩湖號召使辟公爲義兵將公曉諭糾合募壯勇峙糗粮至完山而和事已成旋下罷兵之 旨矣時 東宮分朝在完府遂與幕府諸公扈至礪山而歸以兵粮付方伯如甲子時事 居光州

有司

奇廷獻字德晦幸州人世所稱生六臣貞武公虔六
世孫文憲公高峰大升孫縣監涵齋孝曾子涵齋
當壬辰倭亂以義兵將聚穀於靈光法聖浦納龍
灣行在所公克修家學蔭仕至玄風縣監居官
清儉有去思碑丁卯沙溪金先生以兩湖號召使
辟公爲召募有司公募兵聚粮馳到全州聞媾成
罷還州居光

朴之孝字子敬忠州人贈左贊成智興玄孫生員楨
曾孫參奉虎孫孫遊高峰奇先生門天姿正直篤

之門不事舉業隱居養親壬辰倭亂公以布衣召
募義旅扈從義州錄扈　聖功拜兵曹郎遷司憲
府監察光海朝棄官歸鄉癸亥　反正特除比安
縣監甲子适變病未赴難送子主簿之百扈　駕
於公州丁卯之亂沙溪金先生以兩湖號召使辟
公爲募兵有司領軍到全州聞　行朝將議媾寄
書於女婿李相國浣曰嗟乎今日朝廷如宋之秦
檜者幾人和事成祗送　鶴駕于礪山而歸丙子
之亂見道內檄文沫血奮戈到淸州聞城下之盟
痛哭而還以詩見志曰天地誰回正月春紅羅九

之門不事舉業隱居養親壬辰倭亂公以布衣召募義旅扈從義州錄扈 聖功拜兵曹郎遷司憲府監察光海朝棄官歸鄉癸亥 反正特除比安縣監甲子适變病未赴難送子主簿之百扈 駕於公州丁卯之亂沙溪金先生以兩湖號召使辟公爲募兵有司領軍到全州聞 行朝將議媾寄書於女婿李相國浣曰嗟乎今日朝廷如宋之秦檜者幾人和事成祗送 鶴駕于礪山而歸丙子之亂見道內檄文沫血奮戈到淸州聞城下之盟痛哭而還以詩見志曰天地誰回正月春紅羅九

幅泣胡塵超然欲蹈魯連海和議圍城幾箇人因
杜門謝世居光州
申濢字子混號靜友堂高靈人大司諫歸來亭末舟
五代孫吏曹判書伊溪公濟曾孫父教官應河當
壬辰之亂與子進士㴐進士昊傍水生員潔遇賊於
果川罵賊殉節公之獨免者以其外祖金百勻之
牧光州而公適奉母夫人歸寧於光故也公家讐
國耻寤寐腐心除典艦司別提不就居家自稱罪
人草衣木食終身若居喪者鄉里莫不稱其孝丁
卯之變沙溪金先生爲兩湖號召使辟公以募兵

천계정묘양호거의록 45

有司公倡起義旅行到礪山聞媾成扈送 鶴駕
而歸丙子之亂募兵聚粮赴至清州聞下城之報
痛哭而還深居不出戶庭以終躋享雲巖祠 居光州
柳玶字和甫號松菴瑞山人七世祖伯濡大提學文
靖公號樗亭享琴軒書院祖泗號雪江以都承旨
忤權奸黜守鍾城投紱歸鄉逍遙以終享景烈祠
別提景進子乙巳名賢林錦湖亨秀外孫也公英
發魁梧氣度卓犖勇力絶人與金忠壯德齡齊名
早遊沙溪金先生之門先生每許以鉅人長德孝
友純篤人無間焉光海朝聞廢 母之議公遂作

願聾杜門詩棄擧業與門生子姪講劘道學吟詠
自樂金先生以書奬之曰子之高義可薄雲漢
仁廟改玉赴擧中司馬甲子遭變募聚義穀亂平
盡輸營門丁卯之亂金先生爲兩湖號召使辟公
以粮餉有司 公募集兵粮扈從 東宮及和成祗
送於礪山而歸丙子聞亂作詩曰撫劒自憐衰病
劇誰人能建濟世功又曰望南漢日腸如裂拱北
辰時淚滿巾遂投袂而起借着古將軍鄭地鐵衣
與仲子明翊杖劒赴陣至清州聞已講和相向痛
哭而歸詩曰魯連子在應歸海胡澹庵無孰爲陳

竟使王孫拜仇虜主張和議是何人遂謝絕世事
高尚其志語及丙子事輒泣下築室山阿書揭大
明天地崇禎日月八字以寓忠憤朝廷薦除 泰
陵參奉不就士林稱之以大明處士躋侑雪江公
祠 居光州

朴忠廉字孝源號鏡巖咸陽人侍講院輔德以寬玄
孫忠烈公高霽峰敬命外孫遊孝烈公高從厚門
高公甚器重之庚戌中司馬甲子之亂募穀以備
兵餉丁卯之亂兩湖號召使沙溪金先生辟公爲
粮餉有司領兵勤 王行至礪山丙子之亂倡義

到清州聞媾成痛哭而歸丁丑以孝薦除 顯陵參奉不赴 居光州

具瑩字瑩然號竹牖綾城人 高麗上將軍存裕其上祖也考大倫以公從勳贈承旨公聰頴異凡年四歲甚愛牧丹承旨公欲折以與之公曰折則易枯不可久玩願勿折也人皆驚歎及長摳衣於沙溪金先生之門學行彌篤壬子中進士時當政亂有廢 母之論有柳應元者發文以應凶論公奮然入縣學焚其文遂廢擧業 仁祖改玉擧遺逸拜活人署別提丁卯之亂與柳別坐泰亨詣廟堂揚

言曰 主上一入海島虜兵蹂躪八方則一島之外皆非吾有莫若南臨湖嶺以圖萬全 大駕至金浦遂分朝 王世子南下諸公 啓請以南中某某人可與計議者偕行有 旨命公等數人赴分朝公追及公州時金先生爲兩湖號召使辟致幕下與議軍務事定褒 啓其勞戊辰錄寧社昭武一等陞司䆃直長丙子聞北警卽處家事赴義兵將鄭公弘溟幕府痛念 行朝有獨立呑聲哭之句戊寅復以別坐轉監察仍除懷仁縣監同春狀其行尤庵銘其碣士林慕公行誼立祠栢峴

居高山

高傳敏字務叔號灘陰長興人曾祖生員仲英 中廟朝疏斥權奸號松雪亭祖牧使敬祖父郡守贈參判戍厚壬辰之亂以都元帥權公慄從事幸州之戰有功錄勳公幼而秀異及長遊睡隱姜公沆之門文藝行誼爲世所重丁卯之亂沙溪金先生以兩湖號召使辟公爲軍器有司公與再從叔監察循厚三從傳立從弟傳弼及同志諸公收聚兵粮到完山聞媾成扈送 東宮于礪山罷歸丙子之亂公悲憤倡義到淸州聞下城之報歸老林泉

柳述居光州字孝叔號愛竹軒文化人右議政文城府院君忠景公亮九世孫禮曹佐郎號六有堂思敬子朴懷齋光玉外孫也丁卯之亂沙溪金先生爲兩湖號召使辟公以軍器有司公到全州聞媾成卮送鶴駕于礪山罷歸居光州

尹頍字瑩中號玄洲咸安人文肅公瓘後咸安府院君贈領議政起畎五世孫禮賓寺副正世貞子公早著德望不求仕祿富於文章不事科業沙溪金先生稱之以廊廟器丁卯之亂金先生爲兩湖號

召使辟公以文書有司公糾合義旅行到全州聞
媾成扈送 春宮而還隱居瑞石山中以山水自
娛居光州
金海壽字深源光州人分都萬戶成雨以討倭功號
稱將軍卽公遠祖也祖忠恕有學行父應天以公
從勳贈持平公之童年鳴谷李公山甫奇其異常
曰此子可教鳴谷歿公從其子慶倬遊自是聲譽
益著遂遊沙溪金先生之門先生甚愛重之适賊
叛倡率同志從金先生迎拜 大駕丁卯之變金
先生以兩湖號召使辟公爲有司竭力殫誠勞勩

備至丙子之亂愼齋金文敬公將募兵勤 王要與公同事又御史差公攝連山縣監時賊勢益急公已先避兵島中道路梗塞兩不得赴俄有以行在事來傳者公北向痛哭屢日廢食時湖右被兵尤甚朝廷欲蘇其殘選廉良吏以公爲牙山縣監此外行蹟詳見于尤庵所撰墓碣居保寧

李復吉字亨彥全義人孝靖公貞幹七代孫主簿惟康子與其從兄弟恒吉咸吉遊沙溪金先生之門朝夕服勤世以朱門之二滕稱之丁卯之亂金先生爲兩湖號召使授公以軍興之事盖公之爲人

篤實當事必擧先生嘗以幹局稱之至是果辦其
事又出家財以補焉難已先生擧實 啓聞朝廷
爲設武功職以酬之初付司圃署別提轉陞儀賓
府都事公卽家食事老先生如初世德事行詳見
於尤庵宋先生所撰墓表 居連山
金峻業字汝修號東溪義城人 世祖朝原從功臣
愼言玄孫修義副尉世玉子孝友出天及長與崔
石溪命龍金鳳谷東準講討問難世稱道義三賢
聞沙溪金先生教廸後學負笈從之先生甚加稱
歎光海朝公抗疏特立遂廢擧業屛居東溪之上

及 仁祖改玉再除 孝陵參奉終不起甲子适亂倡起義旅亂平所聚義穀呈納營門又當丁卯之亂金先生爲兩湖號召使辟公以有司媾成隨金先生詣 行在所而歸及其卒李雲巖興渟以文祭之曰雨雪紛紛北風掀天百卉俱腓孤松特秀 居全州○己上二十員載沙溪年譜中

李德養字仲潤號梅軒全州人孝寧大君補八世孫公幼而穎悟長而博學望重儒林早登司馬當甲子适變爲募義都有司丁卯之亂沙溪金先生以兩湖號召使辟公爲募兵有司與一鄉同志聚兵

粮到全州聞媾成祗送 鶴駕于礪山而歸又當丙子之亂見徵兵之 教自圍中出來遂投袂奮起募兵而進聞南漢城下之羞痛哭而歸謝絶世路杜門以終居光州

李成春字伯榮星山人開國功臣景武公濟七世孫進士號孝友堂億仁孫校尉汀子文學早成孝行篤至年十七遭丁酉倭變祖母及父母兄弟皆被害公冒刃奔救爲賊所執而去後逃還追喪三年以遭禍未死爲平生至恨自處以罪人遂廢擧業杜門屛跡丁卯之亂兩湖號召使沙溪金先生辟

公爲募兵有司公奮忠仗義召募勤 王到全州
聞和事成屜送 鶴駕於礪山而歸 居光州
奇義獻字士直號棗隱幸州人貞武公虔六世孫贈
叅議孝芬子志存韜晦謝絶名利沉潛經學尤精
於易平居作座右銘以自警丁卯之亂沙溪金先
生爲兩湖號召使辟公以粮餉有司媾成祗送
鶴駕於礪山而歸丙子之亂倡義領兵行至清州
聞講和罷歸詩禮自娛有遺稾 居光州
高傳立字君晦長興人忠烈公霽峰敬命孫孝烈公
隼峰從厚子天性至孝以祖殉錦山父歾晋江不

以平人自處常着蔽陽子處陋屋能文章終身不
赴舉除 慶基殿叅奉不就世稱南州高士丁卯
之亂兩湖號召使沙溪金先生辟公爲粮餉有司
公馳到全州亂已歸鄉丙子之亂倡義勤 王至
清州聞和成罷歸 居光州

高傅弼字君錫長興人牧使敬祖孫進士依厚子進
士公當甲子适變與再從監察循厚及族姪弼善
傅川同糾義旅募聚義穀公文章行誼克紹先美
爲世推重丁卯之亂兩湖號召使沙溪金先生辟
公爲軍器有司公與從兄傅敏從義將靜軒公同

心並力收兵聚粮至完山聞和成扈從 東宮至
礪山罷歸杜門自靖居光州
朴琮字子美號丹丘子竹山人吏曹判書文靖公元
貞六世孫己卯名賢修撰嶙孫禮賓寺正應鉉子
受業於沙溪金先生之門研窮經義雅尚氣節乙
卯中司馬昏朝廢科自靖有詩曰南山有逸老回
首笑公侯甲子适變募義聚穀賊平輸納公門丁
卯之亂金先生爲兩湖號召使辟公以文書有司
公馳到全州勤於簿牒諸公依以爲重閫媾成祗
從 春宮于礪山而歸丙子胡亂公倡起義旅馳

到清州聞城下之盟痛哭而還結廬林壑杜門屏跡以爲終老之計盖其詩禮筆法世多傳習 居光州

房明達字達夫南陽人直提學士良八世孫贈承旨瞻依亭德麟孫父縣監復齡號九一堂壬辰之亂以義兵將從事叅原從一等功公克承世德不墜前烈丁卯之亂沙溪金先生爲兩湖號召使辟公以募兵有司抗義勤 王至全州聞媾成祗送鶴駕而歸 居光州

李䆃字懿實號方齋礪城人禮曹判書士偘五世孫父守益壬辰倭亂與從子秠同在於弟守咸金郊

郵任所一時殉節公生甫五歲養於慈闈誠孝篤
至爲鄕黨所服早廢科業專心經學從遊於鄭畸
翁之門畸翁稱之以長德君子又遊於愼獨齋金
先生之門當昏朝廢 母之日遂入無等山先壠
下築土室以處之人稱土窟處士每與柳叅奉玶
申別提渾李進士德養諸公會講於土窟中以薦
除軍資叅奉司憲府掌令等職皆不就甲子适變
公以親老不能赴亂使奴負送義穀丁卯之亂沙
溪金先生以兩湖號召使辟公爲文書有司媾成
祗送 鶴駕於礪山而歸丙子之亂公病𢓜又使

奴替送義穀及講和終身不見清曆常着太古冠
逍遥於泉石之間遺言銘旌勿書職秩以處士題
王居光州

李鼎泰字公寶號野隱永川人直提學安直八世孫
少遊畸菴鄭公之門畸菴甚器重之妻以兒子丁
卯之亂兩湖號召使沙溪金先生辟公爲文書有
司公到全州聞媾成祗送 鶴駕而歸是年秋中
司馬兩試官别提丙子之難與同志協心糾旅直
至清州聞城下之羞痛哭而還杜門以終士林立
祠俎豆居光州

천계정묘양호거의록 63

李用賓字任觀號梅谷興陽人大司憲根六世孫南
平教授震英子公自能勝衣律身勅行孝友文章
見稱於世丁卯之變兩湖號召使沙溪金先生傳
檄列邑歷舉門人知舊之素忠義抱才猷者與之
同事而公之從兄廷賓經明行修早廢舉業嘗以
處士逍遥林泉號召使檄召之日初以處士公爲
文書有司矣處士公適病甚語公日吾疾莫由赴
難汝雖未冠可替往公以十九童年慷慨勇赴與
同志募兵聚粮分定部落紀律嚴明聞媾成罷
鶴駕至礪山而歸終於家並享於李氏三賢祠居光

州○己上十員載前編義兵將報牒中

金聲夏字大叔號守愚光山人司憲府監察鳳谷東準子鳳谷公以沙溪金先生同宗師事之在諸弟子中最見親重公學於家庭事親能竭其力以致其養喪盡其哀祭盡其嚴友于兄弟信於朋友接宗黨有恩丁卯之亂金先生爲兩湖號召使任公以事事以辦薦於朝銓官注擬而公則謙退無矜色人以是益多焉嘗以優老恩得折衝階付副護軍公曰此踰涯分當以先君任資宣教郎題墓石也尤菴題其墓曰盖惟鳳谷公學於大賢之門以

教於家與鄉里君又承繼先懿以篤行見稱於世

可謂賢矣 居全州

崇禎紀元後三戊午芸閣活印

天啓丁卯兩湖擧義錄卷之二終

此錄旣有性潭弁卷之文余又何說之贅焉然余之
無似以吾先祖之孫幸得與聞於編摩之役亦何敢
無一言以識之乎噫此錄之成不但爲兩湖諸公後
孫之幸也盖將使後之覽者咸有以感發忠義之心
勉勵臣子之道則其爲有補於世道當如何哉是以
副使以下至譜有司一依先祖年譜義將報牒中所
載以次列錄而此外無文蹟可驗者不敢只憑其云
仍所傳聞率爾追附以存謹嚴之體不如是則其何
以傳之久遠無無徵不信之歎乎或者昧於此義妄
容私意乃以爲湖南某某之祖先亦嘗擧義於號召

時云爾而不顧據實之公議剏立無前之名目欲售
其假托疑亂之計潛自刊布於此錄未出之前具眼
者見之固當破綻無餘而卽此一事士習可知此豈
非世道之憂乎雖然當先祖馳檄號召之時兩湖多
士之影從響應仗義奮忠或運籌策或募兵粮期與
勤　王於危急存亡之際者恐不但止於錄中諸公
此後如或得其斑斑可攷之蹟則當依金守愚例附
諸此錄之下凡爲諸公之孫者亦宜知此意也戊午
秋七月庚午　天啓丁卯兩湖號召使沙溪金先生
七代孫憙謹跋

天啓丁卯兩湖擧義錄

光山擧義錄序

天啓丁卯姜虜引奴賊入寇 大駕播越江都于時沙溪金先生受兩湖號召使之 命傳檄

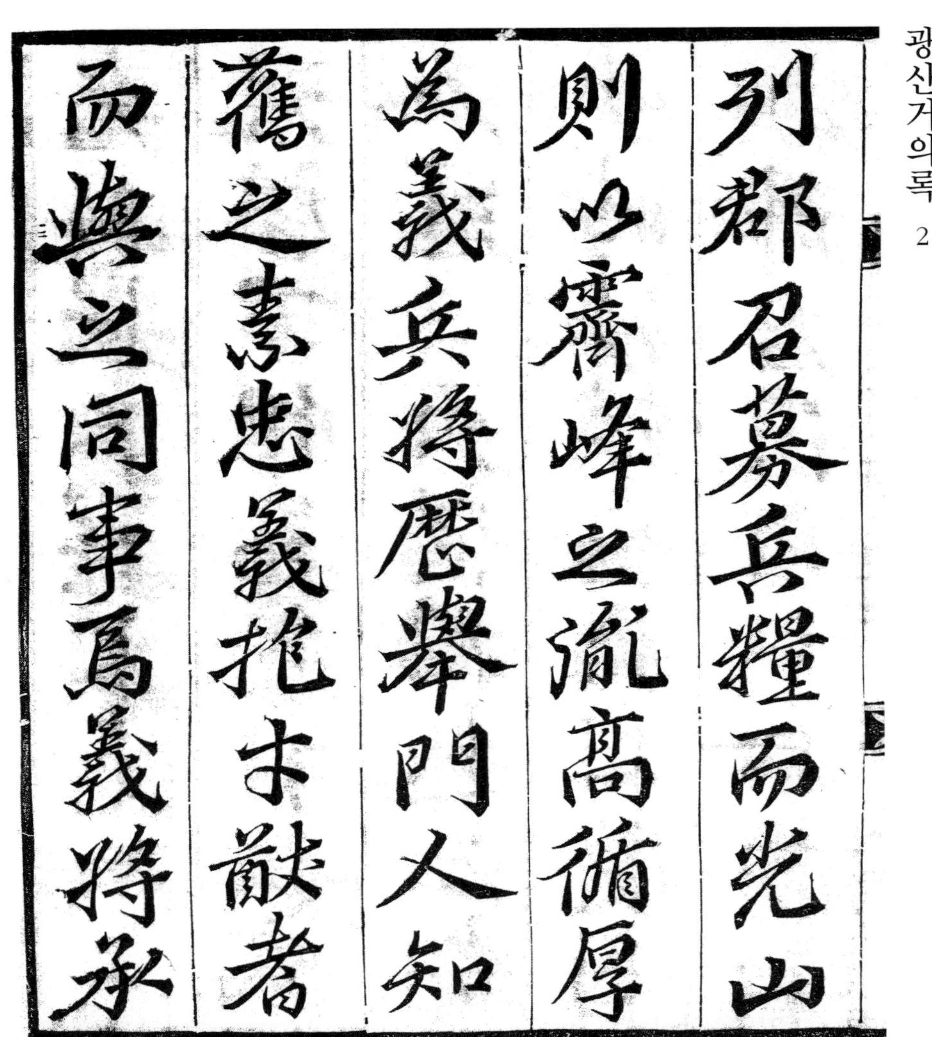

列郡召募兵糧而光山
則以霽峰之亂高循厚
爲義兵將歷擧門人知
舊之素忠義抱才獻者
而與之同事爲義將承

令分差諸有司募壯勇
峙糗糧鍛矛修簿部分
略定義旗繕擧而权事
已成 朝廷下罷兵之旨
義將以下諸公進迎

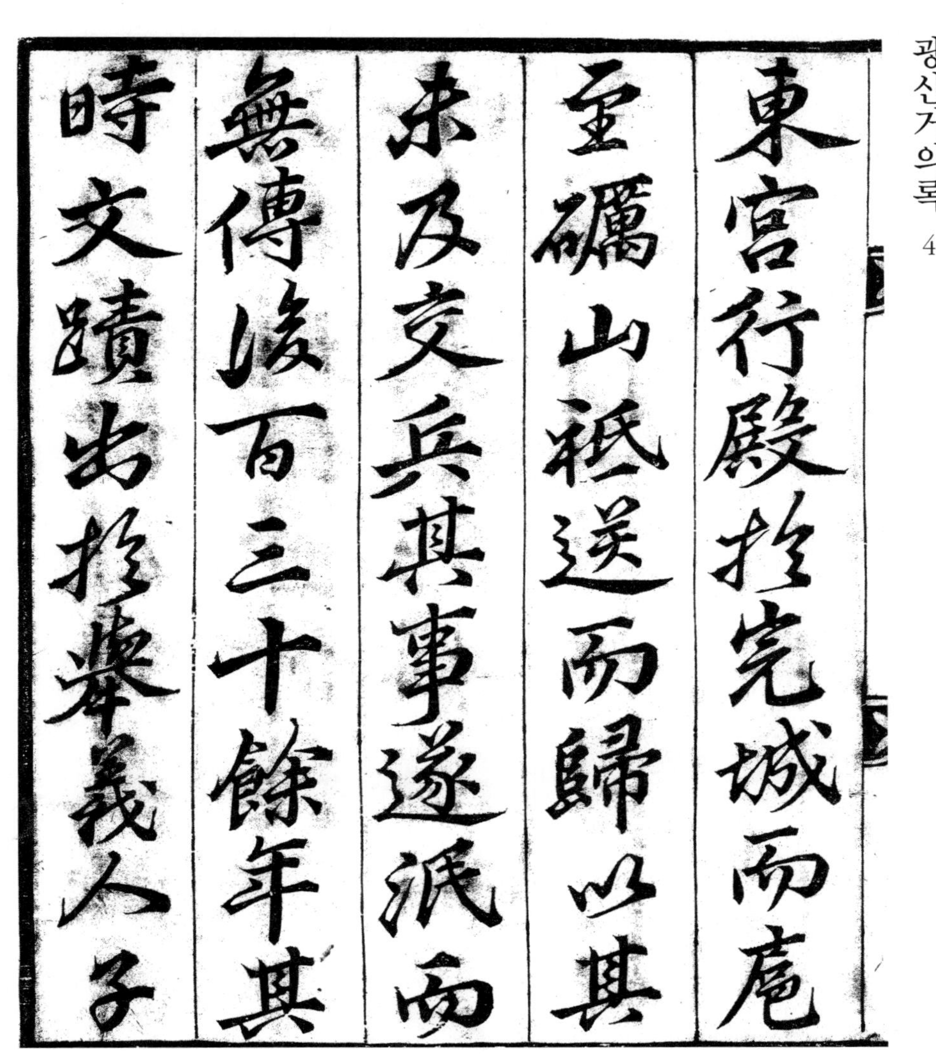

東宮行殿於完城而庵
至礪山祗送而歸以其
未及交兵其事遂泯而
無傳後百三十餘年其
時文蹟出於擧義人子

孫家諸公後裔咸聚議
謀所以剞劂而傳後徵
序於余以其錄來示之
錄凡 傳敎一首檄召
使檄文一義將帖一諭

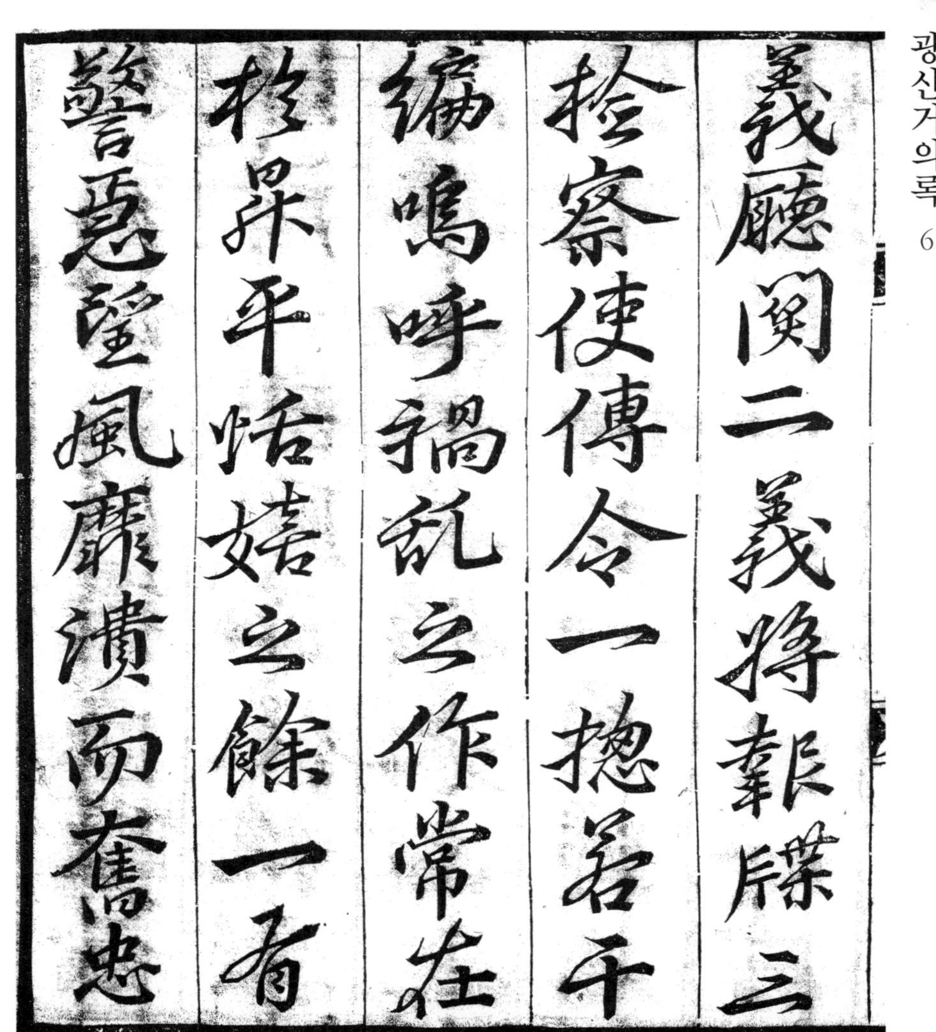
義廳關二義將報牒三
撿察使傳令一摠若干
編嗚呼禍亂之作常在
於昇平恬嬉之餘一看
警惡望風靡潰而奮忠

抗義維持整頓之功每
出於草野書生而不出
於乎日素附富貴與瞋
目語難之輩誠以其義
理素定忠憤自激明於

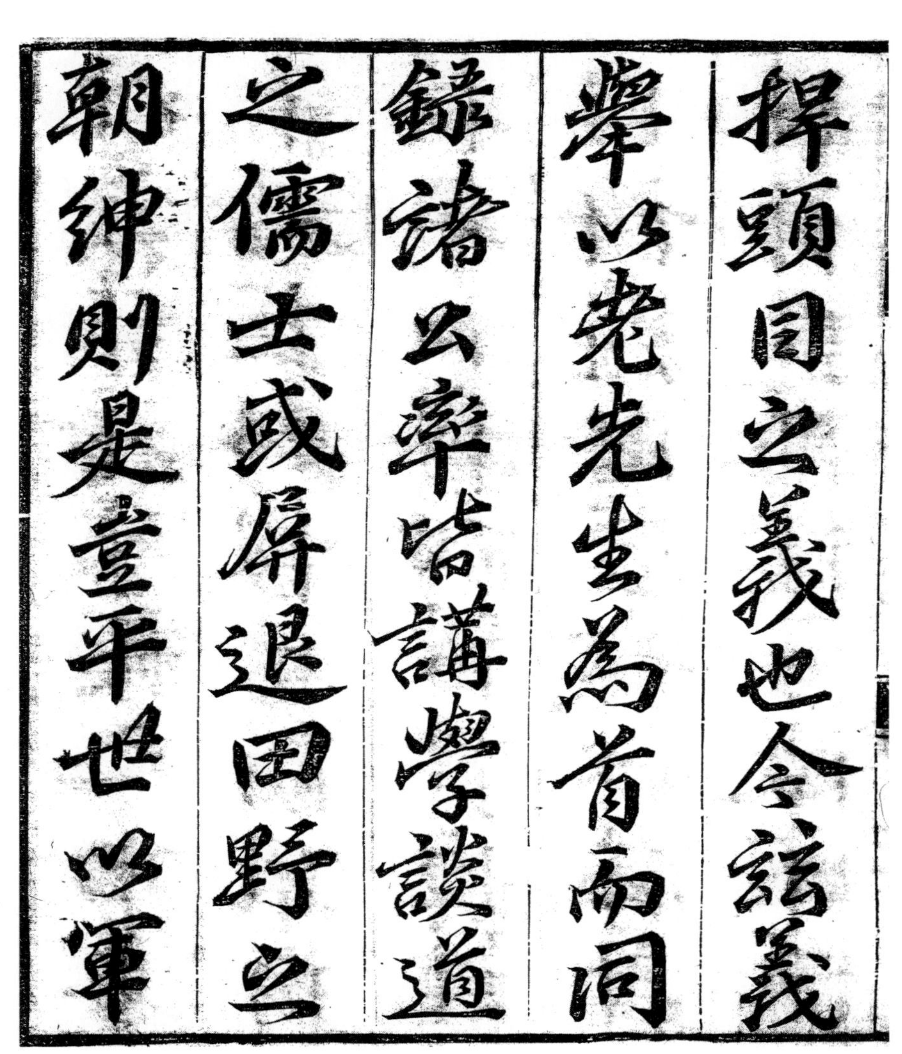

捍頭目之義也今茲義
擧以老先生爲首而同
錄諸公率皆講學談道
之儒士或屛退田野之
朝紳則是蓋平世以軍

旅而相期者哉湖南自
前多義旅而先山尤最
著如高霽峰諸公是已
與殆名賢長德相繼而
作其遺風餘俗有未泯

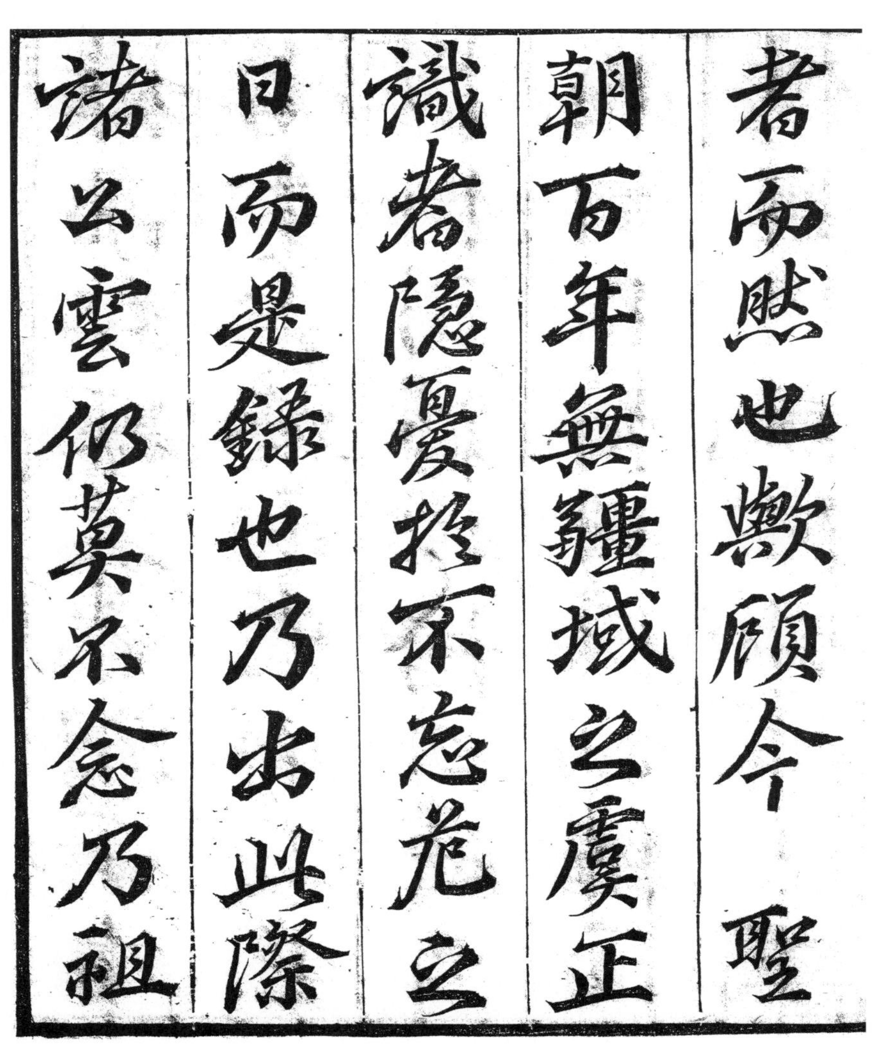
者而然也歎顧今　聖
朝百年無疆域之虞正
識者隱憂於不意危之
日而是錄也乃出此際
諸公云仍莫不念乃祖

광산거의록 11

而思追遺軌忠義之心
油然而生則是雖寂寥
數板文字而 國家緩
急之有賴其在於斯殆
天意乎他日江淮保障

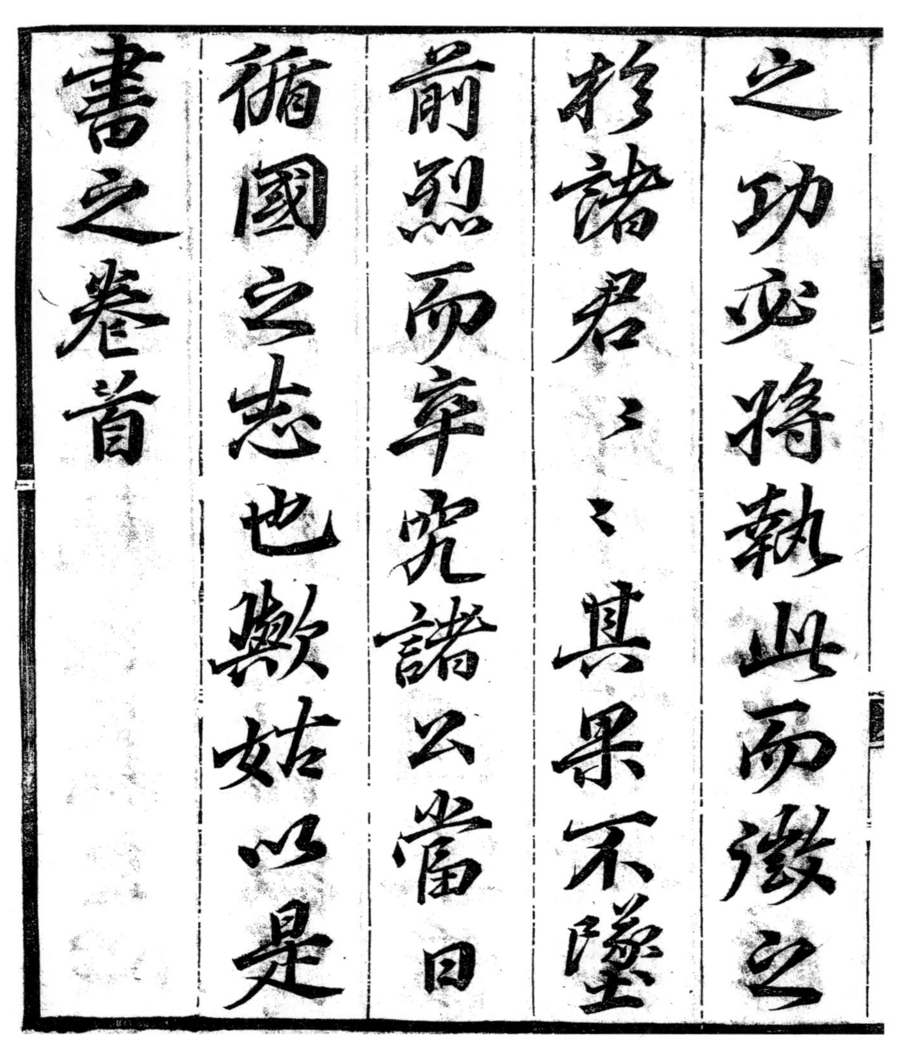

之功必將執此而徵之
於諸君〻〻其果不墜
前烈而卒究諸公當日
循國之志也歟姑以是
書之卷首

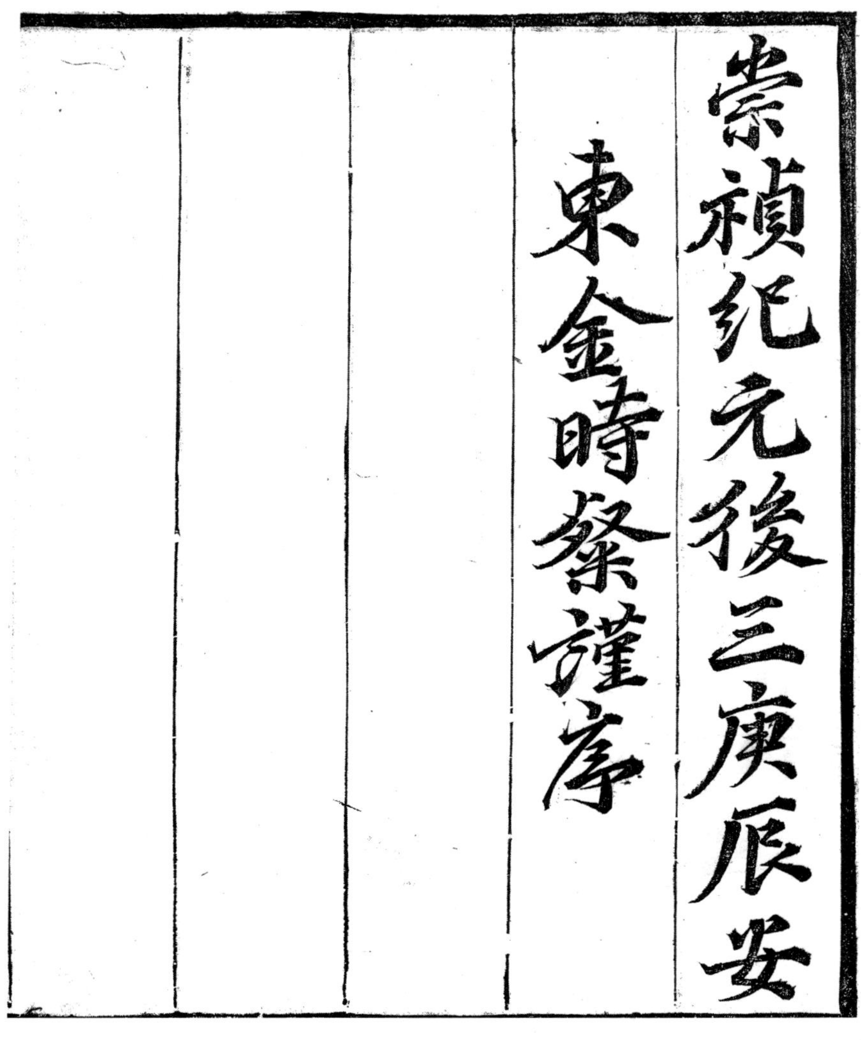
崇禎紀元後三庚辰安
東金時粲謹序

光山擧義錄凡例

一擧義諸公皆本州之人而以號召使檄文設廳擧義募兵募穀扈從　東宮于全州故謂之光山擧義錄

一略著姜虜犯逆顚末於卷首以備考覽

一擧義時凡干文蹟年久之後太半遺失只有　敎文一首號召使檄文義將報牒略干篇及諸公名帖而已依舊修正雖甚草略覽者詳之

一擧義諸公姓諱旣列於召募有司中而又從紀傳例別爲列書於下揭其世德官爵及行實梗槩以

備後人之考覽

一丁卯擧義則旣是本事故不爲入錄於註錄中

一諸公年歲有高下而一從分掌有司次第列書焉

光山擧義錄凡例終

광산거의록 17

光山擧義錄

姜虜入寇時記事

萬曆戊午建州奴夷構亂　天朝天朝以羽檄徵師
我　國朝廷擢姜紳之子弘立爲元帥赴援弘立行
到馬家寨不戰而降於胡曰居焉至　天啓甲子韓
賊明璉之子潤脫身入胡見弘立瞞以我　朝夷滅
渠家挑其梟獍之心曰與同構反刃犯順之計以丁
卯正月叶合鐵騎突入義州剽鋒所抵雞犬亦盡連
陷平壤黃州等地吏民波奔朝野洶懼　大駕西幸
江都　東宮南下全州

天啓丁卯光山擧義事蹟

教文

王若曰不吊昊天降禍于我國奴真小醜越茲蠢爾西土人民咸罹兵刃龍灣綾漢清川三城不能持守以至平壤潰黃州散封豕長蛇其勢有不可遏惟予不德誕遭大艱不得不蹕太王之踰梁小避兇鋒茲奉廟社慈殿出次江都江都人士顚仆道途萬品失序八路震蕩缺二字靦貌罪實在予尚何言哉伊賊自過安州以後累差人致書以要通好犬羊之言雖不可信在我權宜應變以為一時緩兵之計則有不可

已而虜心叵測至以拒絕　天朝爲辭此則君臣天地大義截然有以國斃不敢從也朝廷方遣晉昌君姜絪回荅于虜中此一款必當嚴辭拒之賊若捨此一款仍求和好則雖有城下之恥小紓目前之急第無厭之欲難從之請一有不從其禍尤酷前鑑不遠在宋之世危急存亾此雖其時乃今日定筭則甸服之卒屯據南漢三南之兵遮截漢口西北之軍議賊之後庶齊鋒淬刃相機勦滅但江都根本形勢孤危三軍暴露百官倚壁而粮餉方匱舟師未集沿江諸屯兵食俱缺西師新敗北軍未到而隳突之患或在

朝夕斯乃忠臣烈士流涕讀詔血誠起義之秋也咨
爾藩鎭守宰大小人民咸奮忠義敵王所愾或催趲
兵馬或督運粮餉同心同仇以赴國亂嗚呼王事孔
棘臨危爾莫愛身利器須時有功予不吝賞故玆教
示想宜知悉

天啓七年正月 日

號召使金長生 狀啓

正月十九日右副承旨金尚憲貼有 旨諭以國家
不幸奴賊犯邊義州失守轉入宣定萬一賊鋒穿過
兩西深入腹內則恢復之資惟在南方慮患之道不

可不長茲以卿爲號召使印信下送卿其糾合義旅
董率勤 王者臣於本月十九日在連山本家受有
旨及印信不勝感激臣數日前聞賊變義當匍匐
進詣勤 王之列而八十之年不能跨馬奔趨兼且
疾病委頓只自悶泣而已今承 成命臣雖老聾何
敢不盡心力以副 殿下委任之意乎臣卽當召募
義旅鞠躬盡瘁死而後已第臣非但老病全昧韜鈐
今若黽勉專制以致僨事則臣之獲罪固不足言而
其於 國事所關甚大伏望擇遣廷臣中有將才者
使之與臣同事云云

號召使檄文

號召使謹告于列邑守令大小士民嗚呼天禍吾東寇戎充斥長驅之勢莫遏捍禦之策方急咨爾兩湖素稱忠烈之鄉人才之府凡厥士夫庶民豈忍坐視義當赴亂不待通告想已先奮不俟以八十頹耄無能爲者而值此艱危之際祗受有 旨若曰國家不幸奴賊犯邊義州失守轉入宣定萬一賊鋒穿過兩西深入腹內則恢復之資惟在南方慮患之道不可不長慮以卿爲號召使印信下送卿其糾合義旅董率勤 王不佞不敢以老病退亦不敢以駑劣辭不

量負山之力惟勵死國之志乃於本月二十三日始
建幕府爰與一二同志招集若干士庶日望諸賢之
相助茲敷心腹以誕告惟願諸君子躍馬雷奔仗劍
影從有計慮者朋來運籌有才勇者奮臂折衝其有
不能躬從者召募義旅糾合健兒及時奬率擇定代
將急赴軍前如有將才者公其薦舉勤幹儒生擇定
粮餉有司辦事多能者分掌軍器監造列邑守宰有
志同事者不佞議于巡察俾從便宜嗚呼此誠危急
存亡之秋義士殉國之日也百爾君子勗哉勗哉
天啓七年正月二十五日

召募有司進士柳坪 幼學高傳敬 柳述 進士朴忠廉 前縣監奇廷獻 幼學尹頫 前縣監朴之孝 前別提申渾 前縣監鄭敏求

此亦中次次飛傳爲乎矣日時書塡終到有司還送幕府爲旀列邑召募有司等不須急赴幕下務爲召募其召募數交這這馳報爲乎矣事勢孔棘圖晝夜擧行爲旀面面各定有司二人一爲募軍一爲募粟事

義兵將差帖

諭召使爲差定事義兵將差定爲去乎急々到即刻馳

來爲乎矣召募人及募粟人多般教諭以濟 國事向
事
右下前監察高循厚
天啓七年正月二十八日 己爲狀 啓知之察任
正月二十九日到

義兵將報狀

義兵將爲馳報事正月晦日未時到付道檄文導良即
日排設義兵廳募兵募粟等事罔晝夜措置爲如乎節
當日戌時到付道義兵將差定下帖內節該即刻馳也
來事下帖是置有如一二日之間不成貌樣是乎如 聽令次

單騎馳進爲乎喩 姑留本廳調選兵粮爲乎乙喩更良 行下
教是乎弥 分掌有司等姓名後錄牒報爲卧乎事
募兵有司前縣監鄭敬求 前別提申渾 前縣
監朴之孝 忠義衛李德養 李成春 粮餉有
司進士柳玶 朴忠蕭 幼學奇義獻 高傅立
軍器有司幼學高傅敏 柳述 高傅弼 文
書有司進士朴琮 幼學尹頫 房明達
李莫 李鼎叅 李用賓
題辭 不必馳來姑留本廳盡心措置從所得一一
馳報事 二月初七日到

號召使關文

號召使為相考事募兵募粟之事當此 國家艱危之日固其急務是乎等以各官良中使之開諭自願分粟亦為有如乎今聞募粟官出入閭里強責米租之故抄軍運粮之極又有此舉以致民間騷擾是如為卧乎旀至為可慮今後乙良士子及為 國報恩自願納粟人外其餘愚氓等處切勿強責俾無呼怨事各其所屬召募官等處知委施行事

號召使為相考事今此募兵募粟之舉雖出於為 國家義旅不得已之事而各官大軍抄發之後江都

及軍前運粮之事一時疊督則人不堪其苦是遣義旅
及募粟之事一時驅迫則民間亦不無騷擾之患爲置
義兵則官軍外忠義衛校生閑遊人等以與本官守
令同議從便募兵募粟爲乎矣南原附近之邑則召募
官等與南原府使相議施行俾無彼此掣肘之弊向
事

天啓七年二月初七日在全州

任實 南原 谷城 同福 玉果
淳昌 昌平 潭陽 光山 和順
南平 綾城 寶城 長興 康津

此亦中各其所管依此施行次

檢察使關文

檢察使爲相考事道下來時得見一路號召使招致忠義則多有不合戰陣衰老之人訖不揄亦有愁怨之態不可以凡軍士例驅迫戰陣之間是置無違樂赴者外自知老弱不肯赴陣者乙良軍粮願納爲去乎蘆嶺以上米一石蘆嶺以下米十斗公州自家輸納以便公私爲齊時事艱危 東宮行殿已行南方凡有血氣之人孰不痛惋況三百年堂堂文物一朝受辱於禽獸之域言念及此不覺淚下惟我衆庶各盡其力共濟

國事事　二月十二日到

義兵將報狀

義兵將爲馳報事當此　國家危急之日卑職與有司等竭誠募兵而兵以義名不可勒定是旀凡軍士及公私賤丁壯者盡赴官軍雖有餘存良置或老病歸農或父子兄弟分揀外無一人戰用可合者是遣重念卑職以白首書生衰朽迂拙將非其人物情輕慢赤手孤立恐難成就極爲悶慮爲置道以叅商不爲應募人從自願粮餉軍器收合以補軍需爲乎乙喩　行下敎是乎旀

近日募得粮械數爻爲先後錄牒報爲在果　此外時方

勸喩募聚爲卧乎事

軍粮六十石 弓三十張 長箭三十五部

題辭 光山大邑所募極少極爲不當多般開諭爲乎矣 山尺私炮手段勸定未爲不可急急擧行事

二月十六日在全州

義兵將爲上使事二月初二日始設廳於本縣募兵募粟是乎矣一依官軍例獨子及兄弟從軍分揀是遣本縣義兵 東宮護衛次領到全州則錦江把截及中路留屯之兵盡爲歸農亦有 旨導良都體府行下以軍兵段已爲放還是遣成冊及軍粮弓矢等幷只上使事

憲監察及昏朝棄官還鄉癸亥改 王後特 除
庇安縣監丙子胡乱以擧義都有司領兵勤 王
行到清州聞講和罷歸
前別提申澤字子混高靈人副提學 贈領議政號
巖軒檣六世孫清白吏大司諫號歸來亭末舟五
世孫清白吏吏曹判書號伊溪公濬曾孫天性至
孝壬辰乱以親被害終身若喪拜官不就丙子亂
以擧義都有司領兵勤 王行到清州聞講和罷
歸
前縣監朴之孝字子敬忠州人 贈左賛成智興玄

擧義諸公事實

前監察高循厚字道常號靜軒長興人己卯名賢刑曹佐郎 贈禮曹參判雲曾孫忠烈公霽峯敬命子辛卯中進士官至刑曹正郎甲子适亂與一道同志募穀以備兵餉未幾适誅呈納營門至是爲義兵將

前縣監鄭敏求字景達號默齋瑞山人清白吏戶曹判書洵六世孫弘文校理希藨孫東溪處士騰子奉承家訓不事擧業事親至孝以 宣廟扈聖功補兵曹屬郎得關軍千人又以功遷至都監郎司

年春扈　鶴駕祇送秋中司馬丙子乱又以舉義
都有司領兵勤　王行到清州聞講和罷歸
忠義衛李咸春字伯榮星山人　太祖朝開國功臣
興安君景武公濟七世孫德源府使鵠曾孫進士
蹄孝友堂億仁孫公年十七遭丁酉倭變將避乱
入海中路遇賊祖母及父親兄弟皆被害公冒刃
奔救仍爲賊縛執而去不得同殉在倭九年備見
威脅終不屈志常謀逃還一日因樵行乘桶船出
來既還故土追喪三年服闋始娶樹立家户重修
世業焉有先輩挽公詩甬穴抽身日家聲不墜時

孫生員禎曾孫叅奉霦孫孫遊高峯奇先生門下

天資正直篤行力學壬辰乱與高霽峯敬命約擧

義兵高公憫其親老止之時南平倅韓楯領軍至

光山爲賊所陷方伯李時白 啓以公權知縣監

公直到任所死守孤城亂平 朝家特使曰任官

至司僕判事

忠義衛李德養字仲润號梅軒全州人孝寧大君靖

孝公補八世孫 贈戶曹叅判全城君對玄孫全

州府尹揖曾孫文章行誼早著一世甲午亂與一

道同志募穀以備兵餉未幾适誅呈納營門至是

年春巹 鶴駕祗送秋中司馬丙子乱又以擧義
都有司領兵勤 王行到清州聞講和罷歸
忠義衛李成春字伯榮星山人 太祖朝開國功臣
興安君景武公濟七世孫德源府使鵠曾孫進士
號孝友堂億仁孫公年十七遭丁酉倭變將避乱
入海中路遇賊祖母及父親凡弟皆被害公冒刃
奔救仍爲賊縛執而去不得同殉在倭九年備見
威脅終不屈志常謀逃還一日因樵行乘桶船出
來旣還故土追喪三年服闋始娶樹立家户重修
世業焉有先輩挽公詩甬穴抽身日家聲不墜時

等語公從姪副司勇守白亦於公擧義募兵之日
出私儲補兵粮語在軍器有司柳公述日記中
進士柳玶字和甫號松菴瑞山人吏曺判書文靖公
號樗亭伯濡七世孫鍾城府使蹄雪江泗孫林錦
湖亨秀外孫早遊沙溪金先生門有文章節行事
親至孝先生推以鄕人長德值昏朝廢擧業癸亥
改 王始中司馬甲子亂以義募都有司募兵募
穀未幾适誅納穀方伯是年講和後祗送 鶴駕
歸路詠詩有曰魯連子在應歸海胡澹菴無耽為
陳丙子乱又詠詩曰望南漢日腸如裂拱北辰時

淚滿巾乃以擧義都有司且被 朝命韡仲子明
翊辛卯司馬官至侍直領兵勤 王行到淸州聞講和罷歸
遂杜門謝世 除 叅陵叅奉不就
進士朴忠廉字孝源號鏡巖咸陽人 侍講院輔德
以寬玄孫忠烈公霽峯高敬命外孫遊孝烈公高
從厚門公甚器重庚戌中司馬甲子乱與一道同
志募穀以備兵餉未幾适誅呈納營門丙子乱以
擧義都有司領兵勤 王行至淸州聞講和罷歸
丁丑以孝薦 授 顯陵叅奉不赴
前縣監奇廷獻字德晦幸州人判中樞府事淸白吏

貞武公號晐齋虔六世孫大司諫 贈吏曹判書
文憲公高峯先生大升孫軍器寺僉正號涵齋孝
曾子
幼學高傅立字君晦長興人忠烈公霽峯敬命孫孝
烈公集峯從厚子天性至孝以祖殉錦山父坳晉
江不以平人自處常著蔽陽子處中門陋屋能文
章終身不赴舉 除慶基殿參奉不就世稱南州
高士丙子乱以舉義都有司領兵勤 王行至清
州聞講和罷歸
幼學高傅敏字務叔號灘隱長興人己卯名賢刑曹

佐郎 贈禮曹參判雲玄孫廣州牧使敬祖孫壬
辰宣武原從功臣益山郡守 贈禮曹參議號竹
村戊厚子遊姜睡隱沆門文章行誼為世所重丙
子乱以擧義都有司領兵勤 王行至清州聞講
和罷歸遂杜門屛跡考終于家
幼學柳述字孝叔文化人號愛竹軒右議政文城府
院君忠景公亮九世孫司憲監察如岡曾孫禮曹
佐郎号六有堂思敬子早受家庭之訓晩就外祖
朴懷齋光玉門以行誼聞于世
幼學奇義獻字士直號棄隱幸州人判中樞府事清

白吏貞武公號睍齋虔六世孫德城君號勿齋進
曾孫 贈工曹叅議孝芬子志存韜晦謝絶名利
沉潛經學尤精於易平居作左右銘以自警丙子
乱以擧義都有司領兵勤 王行至清州聞講和
罷歸

幼學高傅弼字君錫長興人己卯名賢刑曹佐郎
贈禮曹叅判雲玄孫廣州牧使敬祖孫進士依厚
子文章行誼早著一世

進士朴琮字子美竹山人吏曹判書文正公元貞六
世孫弘文修撰嶸孫禮賓寺正應鉉子早遊沙溪

金先生門研究經學雅尚節義乙卯中司馬其後
廢科自靖散居林泉自號丹丘于丙子乱以擧義
都有司領兵勤 王行到清州聞講和罷歸

幼學尹頫字瑩中號玄洲咸安人咸安府院君起畎
五世孫兵曹叅判遘玄孫大司憲仁川君襄靖公
蔡壽外孫早著德望爲世所推

幼學房明達字達夫南陽人直提學士良八世孫定
山縣監九成七世孫宣武原從功臣康翎縣監復
齡子窮居閭巷早著行誼

幼學李導字懿賓磧城人萬頃縣令自楊六世孫禮

曺判書士侗五世孫生員善感曾孫初名稶號方齋早廢科業專心經學昏朝以薦連除軍資監叅奉海州判官司憲府掌令皆不就 天啓辛酉改名導遂入無等山先壠下築土窟處之世稱土窟處士盡誠養親甲子适變聞士林擧義而以親老不能躬赴特命家僮運輸義穀北向四拜送之丙子講和後終世不見大清曆常着太古冠臨終遺言勿書職秩題主以處士

幼學李鼎泰字公寶号野隱永川人直提學安直八世孫副提學宗儉七世孫遊鄭畸菴弘溟門甚器

重妻以兄子至是年春扈 鶴駕祗送秋中司馬兩試官别提在官時聞親病蒼黃還歸中途奔喪自是無意仕宦逍遙林泉丙子乱以舉義都有司領兵勤 王行至清州聞講和罷歸

幼學李用賓字任觀興陽人興陽君吉後孫誠孝篤至有勇力兼文章性慷慨多義氣從叔肅川公寅卿許以仗節死義公之從兄廷賓文章才略素著一世當舉義時委以文書有司而適得篤疾語公曰國事危急此政臣民忘身殉國之秋而吾病如此未由赴召汝雖未冠足可有為汝其替往公遂

奮臂勇往

光山擧義錄終

崇禎紀元後三辛巳孟冬刊出